新视点教与学系列丛书

孙钰华 ◎ 主编

数字化聚合与新课程教学：

理论·操作·范例

孙卫国 ◎ 著

教育科学出版社

·北 京·

总　序

　　这是一个多元文化交互杂糅、融合创新的时代，也是一个不断变革的时代。多元文化的融合互动以及变革时代的持续冲击，意味着我们的课程教学和教师教育理论研究正面临极大的挑战和极好的机遇——变革意味着推陈出新，意味着需要不断深入的创新性理论研究去反思进而指导实践。

　　新疆有13个世居民族，我国56个民族在新疆都有人口分布。新疆民族分布具有大杂居小聚居的特点，长期以来形成了六种教学语言并行的教育现实。随着双语教育的大力推进，教育变革非常迅速。多民族多文化的社会背景为新疆教育印下了深深的烙印，新疆的教育既要传承中华民族的主流文化和核心价值体系，也要为各民族文化的传承和发展积极贡献力量；既要关注文化传承，也要突出民族现代化以及民族和谐。

　　这一切使得新疆的教育显现出独特性。在新疆的教育中，民族团结教育、"四个认同"（对伟大祖国的认同，对中华民族的认同，对中华民族文化的认同，对中国特色社会主义道路的认同）教育、"五观"（马克思主义的国家观、历史观、民族观、宗教观、文化观）教育鲜明而具体，多样化的区域、民族文化资源，使得新疆教育具有了全国其他地区甚至其他少数民族地区所没有的独特样态。以双语教育为例，它不是母语与外语的双语，而是母语与国语的双语，这一特征就使得新疆双语教育只能借鉴而不能沿用一般的双语教育先进经验。民族和民族文化的多样性，决定了新疆实施教育不仅要充满对生活意义、生命价值和精神价值的观照，而且要在尊重多元民族文化独特价值的同时，引入多民族与多元文化共存的理念，使各民族的下一代在了解、认同本民族文化的同时，能够平等地包容、理解、珍惜其他民族的文化，尊重文化差异，树立平等、民主的意识，获得参与多元文化社会所必需的价值、态度、知识与技能，促进各民族之间的相互了解、尊重和团结互助，建立充满生机与活力的和谐社会。

理论创新的内在核心是知识创新。而知识创新不仅要具有"拿来主义"的勇气和胆识去积极借鉴、引进别人的先进思想，更需要立足于民族文化自身的思维特点和生活方式去考察、生产出具有民族和地域文化特点的知识。换而言之，就是需要我们在本土的文化处境中考虑知识体系的真伪，寻找一条具有自身文化特征、适合自我发展实践的知识创新途径。在这条道路的寻求之旅上，身处当地的教育学人无疑是责无旁贷的。这也是我们在这个多元文化与急剧变革时代出版"新视点教与学系列丛书"的重要缘由。

这套丛书的作者整合了正在蓬勃发展进取中的新疆师范大学教师教育和课程与教学研究团队的精英。在丛书整体设计上，我们立足于今天新疆基础教育的发展对教师教育理论以及中小学课程与教学实践的现实需求，力求分别从教师教育、课程与教学理论研究及学科课程教学的实践导向等方面全面多维度地进行探索。

立足于新疆多民族地区文化多元的现实及其基础教育的现状，从服务于新疆基础教育出发探寻一些教师专业发展的技术性内容，同时努力与生动的教育实践相结合，力求在体现文化多元并存与交互融合、区域和本土特色兼具的基础上，做出适应变革时代需要的理性思考，是我们努力的方向。

编　者

2012 年 8 月 16 日

目　录

理 论 篇

操 作 篇

范 例 篇

理论篇

第一章　问题聚焦：教育信息化与新课程改革

第一节　教育信息化与信息化教育

信息化是指充分利用信息技术，开发利用信息资源，促进信息交流和知识共享，提高经济增长质量，推动经济社会发展转型的历史进程。20 世纪 90 年代以来，信息技术不断创新，信息产业持续发展，信息网络广泛普及，信息化成为全球经济社会发展的显著特征，并逐步向一场全方位的社会变革演进。进入 21 世纪后，信息化对经济社会发展的影响更加深刻。广泛应用、高度渗透的信息技术正孕育着新的重大突破。全球信息化正在引发当今世界的深刻变革，重塑世界政治、经济、社会、文化和军事发展的新格局。加快信息化发展，已经成为包括中国在内的世界各国的共同选择①。

纵观世界各国信息化发展战略的进展可以发现，许多国家的领导人和政治家认识到在未来世纪中教育信息化对于国家发展的巨大作用，在制定本国

---

① 详见：Brown R H. The national information infrastructure agenda for action［EB/OL］.［2004-11-23］. http://www. ibiblio. org/nii/toc. html；Gore A，Brown R H. The global information infrastructure：agenda for cooperation［EB/OL］.［2004-11-23］. http://www. ntia. doc. gov/reports/giiagend. html；National Science and Technology Council IT2. Working group information technology for the twenty-first century：a bold investment in America's futrue［EB/OL］.［2004-12-03］. http://www. nitrd. gov/pitac/it2/initiative. pdf；Lisbon European Council. eEurope 2002 action plan［EB/OL］.［2004-11-03］. http://europa. eu. int/information_society/eeurope/2002/action_plan/pdf/actionplan_en. pdf；IT strategic headquarters of Japan. e-Japan priority policy program［EB/OL］.［2005-02-03］. http://unpan1. un. org/intradoc/groups/public/documents/APCITY/UNPAN002770. pdf；Ministry of Internal Affairs and Communications（MIC），Japan. u-Japan policy：Working toward realizing the ubiquitous network society by 2010［EB/OL］.［2005-02-07］. http://www. soumu. go. jp/menu_02/ict/u-japan_en/index2. html#；中共中央办公厅，国务院办公厅. 2006—2020 年国家信息化发展战略.［EB/OL］.［2006-07-04］. http://news. xinhuanet. com/newscenter/2006-05/08/content_4522878. htm.

的发展战略时都把教育信息化作为重要因素加以考虑，努力推动面向信息社会的教育改革，迎接正在到来的信息社会对于教育的诸多挑战。大力推进教育信息化进程，普遍开展信息化教育，培养面向 21 世纪的创新人才，已经成为当代教育的国家化共识和重要发展趋向①。

所谓教育信息化，是指在教育领域全面深入地运用现代化信息技术来促进教育改革和教育发展的过程，其结果必然是形成一种全新的教育形态——信息化教育②。祝智庭教授认为，教育信息化与信息化教育，好比一枚硬币的两面：前者侧重的是建设的视角，注重信息化环境建设、资源建设、队伍建设、应用开发、规制建设、效益评估等问题；后者则是应用的视角，特别关注信息化条件下的教育观念——理念革新、信息化教学模式的创新、信息化教学过程的新颖设计和评价、信息化资源和工具的有效利用、学生的信息化学习能力养成、教师的信息化教学能力发展等。二者的目的都在于促进教育变革，变革的动力在于：信息技术提供了丰富的信息表示形式，从而改变了学习者的认知方式；信息技术改变了信息在社会中的分布形态和人们对它的拥有关系，从而改变了人们之间的教育关系；信息技术改变了时空结构，从而改变了人们的学习形态。所以，信息技术引发了教育变革，重视并利用技术支持教育变革具有必然性。

不过，在教育信息化美景的背后，中小学教育信息化发展尚存在着一系列需要深入解决的问题，例如：分散建设，不成体系，基础设施没有得到充分的利用；资源匮乏，结构性短缺，不敷需求；教师应用信息技术支持教学活动的能力有待提高，效益遭疑；东、中、西部之间存在地区差异，发展失衡；可持续发展机制亟待加强等。基础教育信息化是教育信息化的重要组成部分，在教育信息化的整体推进中起着基础性、全局性和先导性的重要作用。面对我国基础教育信息化下一步的发展，我们需要认真研究和思考，其中的一条就是要借鉴发达国家在基础教育中应用信息技术所取得的经验和成果，站在更高的起点上，结合我国的国情进行研究和实践，坚定地将现代教育技术的有效应用作为提高教育质量的战略选择，探索适合我国的基础教育信息化的科学有效发展之路，这是一个具有历史意义和现实意义的重要课题。

---

① 祝智庭. 关于教育信息化的技术哲学观透视 [J]. 华东师范大学学报：教育科学版，1999 (2).

② 祝智庭，顾小清，闫寒冰. 现代教育技术：走进信息化教育 [M]. 修订版. 北京：高等教育出版社，2005：90.

全球信息化发展趋势和教育信息化战略格局已赫然呈现在我们面前，我国教育信息化发展任重道远，需要寻找新的突破，抢占制高点，创新教育，这是笔者撰写本书最为直接的动力和背景参照，也是本书对数字化学习（e-Learning）的自觉回应。

第二节　课程改革与课堂教学变革

为适应信息时代发展要求和世界教育改革的发展趋势，"为了中华民族的复兴，为了每位学生的发展"，针对目前我国基础教育的现状与时代发展的要求和肩负的历史重任之间还存在着巨大的反差这一严峻的现实，我国颁布了《基础教育课程改革纲要（试行）》① 和一系列新课程标准，形成了符合素质教育要求的基础教育课程与教学体系，这标志着我国基础教育课程改革进入了实质性的阶段。这次新课程改革对学校生活的冲击是崭新的、全方位的，蕴涵着一系列丰富而崭新的面向素质教育实施需求、基于信息技术条件的教学理念与策略②。

（1）新课程明确提出了整合的教育目标观：把"过程与方法"作为与"知识与技能"、"情感态度与价值观"同等重要的目标维度，将知识与技能、过程与方法、情感态度与价值观三维目标统整起来，构建比较完整的课堂教学目标体系，实现由知识本位、学科本位向以学生的发展为本的质的飞跃。

（2）新课程提出"焕发出生命活力"的理想课堂教学形态：课堂不是教师表演的场所，而是师生之间交往、互动的场所；课堂不是对学生进行训练的场所，而是引导学生发展、探索未知的场所；课堂不只是传授知识的场所，而且更应该是探究知识、点燃智慧的场所；课堂不是教师教学行为模式化运作的场所，而是教师教育智慧充分展现的场所。基于此，"重构课堂"应体现这样一些要求：关注学生的生活世界，打通学生书本世界和生活世界之间的界限；关注学生的生命价值，给学生以主动探索、自主支配的时间和

---

① 教育部. 基础教育课程改革纲要（试行）[EB/OL]. [2001-10-19]. http://www.edu.cn/20010926/3002911.shtml.

② 参见：钟启泉. 基础教育课程改革纲要（试行）解读 [M]. 上海：华东师范大学出版社，2001；郑金洲. 基于新课程的课堂教学改革 [M]. 福州：福建教育出版社，2003；朱慕菊. 走进新课程：与课程实施者对话 [M]. 北京：北京师范大学出版社，2002.

空间；关注学生的生存方式，构建民主、平等、合作的师生关系；关注学生的心理世界，创设对学生有挑战性的问题或问题情境；关注学生独有的文化，增加师生之间以及生生之间多维有效的互动；关注学生的生活状态，打破单一的集体教学的组织形式。

（3）新课程强调有效教学的核心任务是转变学习方式。学习方式（learning approach 或 learning style）是指学生在完成学习任务过程中基本的行为和认知的取向①。它不是具体的学习策略和方法，而是在自主性、探究性和合作性方面的基本特征。自主性、探究性和合作性是学习方式的三个基本维度，是对教与学特征做出判断的基本参照。《基础教育课程改革纲要（试行）》指出，单一、被动和陈旧的学习方式，已经成为影响素质教育在课堂中推进的一个障碍，革新传统教学、实行有效教学必须转变学生的学习方式，实现学习方式的多样化，其中自主学习、合作学习和探究学习都是重要的学习方式。之所以特别强调倡导自主学习、合作学习和探究学习，其理由就在于：学生是有着完整的人的生命表现形态、处于发展中的、以学习为义务的人。"学生"一词可以从"人"是自然的存在、社会的存在和精神的存在三个层面来解读：学生学习——掌握生存的常识和技能，以便独立地面对世界；学生学习——遵从生活的律则与规范，以便和谐地与人相处；学生学习——探索生命的价值与意义，以便有尊严地立于天地之间。因此，教育必须着眼于学生潜能的唤醒、开掘与提升，促进学生的自主发展；必须着眼于学生的全面成长，促进学生认知、情感、态度与技能等方面的和谐发展；必须关注学生的生活世界和独特需要，促进学生有特色的发展；必须关注学生终身学习的愿望和能力的形成，促进学生的可持续发展。

（4）新课程强调信息技术在教学过程中的运用。新课程改革要求大力推进信息技术在教学过程中的普遍应用，促进信息技术与学科课程的整合，逐步实现教学内容的呈现方式、学生的学习方式、教师的教学方式和师生互动方式的变革，充分发挥信息技术的优势，为学生的学习和发展提供丰富多彩的教育环境和有力的学习工具。

（5）新课程向教师提出了更高的要求。首先，新课程要求教师转变角色，成为学生学习的促进者、教育教学的研究者、课程的建设者/开发者、

---

① Biggs J B. Student approaches to learning and studying［M］. Hawthorn：Australian Council for Educational Research，1987.

社区型/开放型的教师。其次，在专业化发展方面，要具备创新型教师的素质。在对待师生关系上，强调尊重和赞赏；在对待教学关系上，强调帮助和引导；在对待自我上，强调反思；在对待与其他教育者的关系上，强调合作。

（6）新课程提出以评价促进发展的教学评价观，强调：评定的功能由侧重甄别转向侧重发展，实现评价功能的转化；以质性评定统整、取代量化评定，定性与定量相结合，实现评价方法的多样化；既重视学生在评定中的个性化反应方式，又倡导让学生在评定中学会合作，关注个体差异，自评与他评相结合，实现评价主体的多元化；不仅重视学生解决问题的结论，而且重视得出结论的过程，将终结性评价与形成性评价相结合，实现评价重心的转移。

新课程改革的实践如今已走过了15年，课程改革不再仅仅是理念层面上的说教，而是逐步进入活生生的学校实践、课堂教学活动和师生交往中。世界教育改革的两条基本经验是：学校教育改革如果没有教师的理解与支持，没有教师积极而有创造性的工作，是难以达到预期目的的；教育改革如果不能深入课堂，是难以取得真正的成效的。新课程的实施、基础教育改革的推进必须回归课堂，必须研究课堂、重构课堂、创新课堂。事实上，只有深刻变化了的课堂，才能承载新课程的企盼，也才能将新课程真真切切地体现在学校生活之中，落实到教学之中。因而，变革课堂，是实施新课程不可或缺的重要环节，是教师和学校管理者义不容辞的主要职责，这既是课程改革的重要组成部分，也是决定课程改革能否最终达到目标取得成功的关键。

"回归课堂"是一切教育改革都无法回避的选择。教育改革无论是直接的还是间接的，最终都指向了学校的教育活动，而学校教育活动的主阵地在课堂。一切教育改革最终是通过不同的方法和途径改变教师的"教"和学生的"学"，采取不同措施干预、影响学生发展的环境实现的。人们在谈论教育改革时，最容易忽视的恰恰就是这样的基本事实：不深入课堂、不能改变课堂教学的教育改革充其量是"只开花不结果的树"。新课程理念最终要通过课堂中的教师得以落实，新课程的目标最终要体现在学生的变化上，新课程改革从推进到现在，更应该回归课堂，关注课堂，研究课堂。能否解决课堂中的问题，能否将思想理念转化为改变课堂的行为，将决定新课程改革的成败。

"研究课堂"是当今时代的学校发展和教师专业发展的必然要求。现代课堂面临着多重挑战，对教师提出了越来越高的要求，人们虽然越来越接受教师专业化的思想，认可"教师应当成为研究者"，但对于教师如何实现专业化，成为什么样的研究者的认识不尽相同。可以肯定的是，教师的专业性在很大程度上体现在课堂上，作为研究者的教师，最主要的是研究教学，研究课堂中的学生，研究课堂中的学问，研究课堂中的人际关系，研究课堂中的教学手段与教学方法。应该说，没有对课堂的研究，也就很难有所谓教师的专业发展，而教师离开自己的教学实践进行所谓的教育研究，这样的研究并不能无条件地促成教育教学质量的提高。因此，校本教研必须密切结合学校改革与发展，始终围绕推动学生发展的现实需要，将理论学习迅速转化为提高学校教育教学质量的"现实生产力"，将校本教研的主战场始终集中在课堂上。

"研究课堂"的目的在于"创新课堂"。自从有了课堂教学，就产生了不断创新课堂的现实需要，世界上没有两堂完全相同的课，课堂中的学生、教学内容、教学手段与方法、教师、人际关系都是处于动态变化之中的，课堂与学校环境、社会环境之间是相互影响的，因此没有所谓最好的教师，而只有最适合特定课堂的教师；没有最好的课堂，只有最有效地实现特定目标的课堂。"创新课堂"就是要遵循课堂规律，实现教学艺术与教学科学的统一。从课堂的本质看，需要通过课堂的有效沟通与交流实现课堂的创新，通过教学模式的选择与运用创新课堂，通过课堂设计与课堂策略实现课堂创新，通过课堂评价的改革实现课堂创新①。

此外，从学习者一生的主要分类活动时数统计来看，课堂教学对人的一生具有重要的战略和基础意义（见表1-1）②。

鉴于上述分析，将新课程所蕴含的教学理念落实到课堂教学，回归课堂、研究课堂、重构课堂、创新课堂，既是当代课程改革的成功经验，也是与时俱进、实施素质教育的现实诉求使然。因此，以新课程教学理念为指针，聚焦课堂教学，是对现实诉求的必然响应，体现了时代要求，具有理论意义和实践价值。

---

① 戚业国. 回归课堂　创新课堂［M］//新课程课堂教学改革丛书. 北京：北京师范大学出版社，2005：总序.

② 丁兴富. 基础教育信息化的突破口：从校校通到班班通［J］. 电化教育研究，2004（11）.

表1-1 人生最长的四类单项活动时数统计

序号	活动类别	活动时数	占人生比例(%)	估算方法
1	睡眠	204400	33	70 年×365 天/年×8 小时/天
2	工作	77420	13	(37+42)/2 年×245 天/年×8 小时/天
3	三餐	51100	8	70 年×365 天/年×2 小时/天
4	课堂学习	16800	3	12 年×40 周×5 天×7 小时

注：平均年龄以 70 岁计，人生平均生存时数为 613200 小时。平均睡眠以每天 8 小时计，三餐以每天 2 小时计。平均工龄计算方法：从 18 岁起参加工作，女性 55 岁退休，男性 60 岁退休，男女各占 50%。每年以平均 245 个工作日计，每个工作日以 8 小时计。平均受教育年龄以 12 年计，每年以 40 周计，每周以 5 天计，每天以 7 学时计。

第三节 教育技术者的省思

教学授递环境，国际上一般称之为教学授递系统（Instructional Delivery System）或教学传播系统（Instructional Communications System）[1]。它是指由各种信息传播媒体及配套运作软件所组成的媒体化教学环境，外在形态上表现为媒体设备[2]。

从教学技术应用发展的趋势看，教学技术的数字化聚合（Digital Convergence）[3] 特征已日渐凸显。原先分离的、功能单一的视听教学媒体（电化教学媒体），已逐渐在计算机技术平台上实现了数字化聚合，使得教学授递系统的设备简单、性能可靠、标准统一，由此带来信息表征多元化、真实现象虚拟化，以及操控行为人性化、人机通信自然化、繁杂任务代理化。数字化聚合技术在课堂教学中的应用，在教学观念、教学模式、教学方法、教学手段等方面产生深刻的革命性影响，已成为不争的事实。正因为如此，教育部在已颁发和正在实施的《基础教育课程改革纲要（试行）》中明确提出："大力推进信息技术在教学过程中的普遍应用，促进信息技术与学科课程的

---

[1] 国际上有专门的杂志，如《The Journal of Instruction Delivery Systems》（JIDS）等。

[2] 郑燕祥，姚霞. 世纪初学校效能的新取向 [J]. 教学与管理，2002（5）.

[3] EMC Paradigm Publishing. Computers in the classroom: uses, abuses, and political realities: the failure of technological panaceas in education [EB/OL]. [2006-09-12]. http://www.emcp.com/intro_pc/reading1.html.

整合，逐步实现教学内容的呈现方式、学生的学习方式、教师的教学方式和师生互动方式的变革，充分发挥信息技术的优势，为学生的学习和发展提供丰富多彩的教育环境和有力的学习工具。"[①]

如今，课堂教学授递环境已逐渐进入数字化聚合的信息化教学阶段，"多媒体计算机+投影设备+大屏幕"（Multimedia Classroom）俨然成为目前课堂信息化教学授递环境的主流模式，这说明信息技术对于促进教学的重要性已成为世界各国大多数教育者的共识。

但是，在教学实践中，"如何整合"、"技术是否有效"、"如何合理而有效地应用技术"这些观念性问题，仍然困扰着广大教师和学校管理者。多媒体投影教学在应用形式上还存在着"为技术而技术"、过分"神话"技术及"电灌"的误区，而与之相对立的"技术无用论"支撑下的排斥做法，也因种种原因并不鲜见。

针对上述情况，作为教育技术领域的研究者，有责任、有义务做出科学的分析和判断。要站在教育技术发展的前沿，透过国际视野，从历史的角度考察技术支持教育教学改革的成功经验，结合我国国情，适时引入新技术、新方法，优化课堂信息化教学环境，逐步总结、归纳、形成教学过程中技术应用的有效策略，为信息技术与课程整合的教学改革活动提供科学指导。从这一点看，探讨数字化聚合技术及其对课堂教学成效的影响，正是教育技术者省思的落点。

---

① 教育部. 基础教育课程改革纲要（试行）[EB/OL]. [2001-10-19]. http://www.edu.cn/20010926/3002911.shtml.

第二章 技术视角：利用技术支持的教学变革

第一节 技术本质：技术哲学的视角

　　教育中利用技术支持教育教学活动的历史源远流长，尤其是人类发展到工业社会，"技术"一词的使用越来越普遍。但是，人们在对"技术"的理解上则有许多不同。因此，认识和揭示技术的本质，将有助于对教育技术，特别是对教学技术的产生发展有一个准确的把握。

　　人们对技术的认识比对科学的认识存在更多的分歧。技术迄今并无统一的定义，它一直在变化发展中。因此，需要首先简述和分析学术界关于技术的定义及对技术本质的认识，然后在分析考察历史上技术发展趋势的基础上，提出对技术本质的基本理解。

　　什么是技术？技术的本质表现形态是什么？这是研究技术的基本理论问题。

一、对技术本质认识的历史考察

　　古希腊大哲学家亚里士多德可能是最先把科学与技术区分开来的权威人物。他认为，科学是知识，而技术则与人的实际活动相联系，所以他把技术定义为人类活动的技能。由于技术一词在希腊文中最早用"téchnē"表示，故亚里士多德的技术概念的本质，实际上是指人类在生产活动中的技艺能力或技能。"选种技术＝生产技能"的定义很有代表性，也符合从古希腊至18世纪社会经济发展状况的需要。技术（téchnē）一词在法文中变成"technique"（17世纪），在德文中变成"technik"（18世纪），其所指均为与各种生产技能相联系的过程和活动领域。

　　随着机器的工业应用占据统治地位，技能逐渐演变为制造和利用机器的过程，以致人们认为技术的定义就是工具、机器和设备，是没有生命的装置，或者具有特殊生命的、有组织的、以代替人来完成任务并由人确定的操作装置。法国大哲学家狄德罗认为，技术是为某一目的共同协作组成的各种方法、工具和规则的体系。德国技术哲学家恩斯特·卡普（Ernst Kapp，1877 年出版《技术哲学原理》一书）更明确地提出所谓的器官投影说（Organ projection）。在卡普看来，从简单工具到复杂机器，人类所发明的一切技术活动手段都是人体器官向外界投影而形成的结构。这样一来，技术被赋予了两层含义：人的生产活动方式本身（技能）与代替人类活动的装置。

正处于机器大工业蓬勃发展时代的马克思则把技术作为劳动过程的要素，他认为技术是人和自然的中介，因而把它们归结为工具、机器和容器这些机械性的劳动资料。虽然马克思还提到技术中有理性因素，但这一点往往被人忽视。

德国的贝克曼最早（1777 年出版《技术学入门》一书）将技术定义为"指导物质生产过程的科学或工艺知识，这种知识清楚明白地解释了全部操作及其原因和结果"[1]。他的这一理论概括在 19 世纪产生了巨大影响并延续至今。

现代西方技术哲学家一般接受贝克曼的思想，如德国著名技术哲学家弗里德里希·拉普（Friedrich Rapp，1986 年出版《技术哲学导论》一书，原书名为《分析的技术哲学》）[2]、美国当代颇具影响的技术哲学家卡尔·米切姆（Carl Mitcham，著有《技术哲学概论》一书）[3] 和技术史学家 C. 辛格[4]（Charles Singer）等均持此论。辛格认为，技术是用来制造或生产物质的知识和装置。拉普认为，技术就是技能、工程科学、生产过程和手段。但值得注意的是，米切姆在提出作为对象的技术（装置、工具和机器）、作为知识的技术（技能、规则和理论）和作为过程的技术（发明、设计、制造和使用）的同时，还提出了作为意志的技术（意志、动机、需要和打算）。

苏联学者受马克思技术思想的影响，力主技术手段说，其《大百科全书》把技术定义为：为实现生产过程和为社会的非生产需要服务而创造的人

---

① 黄顺基，黄天授，刘大椿. 科学技术哲学引论：科技革命时代的自然辩证法［M］. 北京：中国人民大学出版社，1991：254.

② 拉普. 技术哲学导论［M］. 刘武，等，译. 沈阳：辽宁科学技术出版社，1986.

③ 米切姆. 技术哲学概论［M］. 殷登祥，等，译. 天津：天津科技出版社，1999.

④ 辛格，霍姆亚德，霍尔. 技术史.［M］. 王前，孙希忠，主译. 上海：上海科技教育出版社，2004.

类活动手段的总和，生产技术为技术手段的主要部分，而生产技术中最积极的部分是机器。因此，苏联技术哲学并没有深入探讨技术的本质问题，而是积极发展"机械和机器理论"，形成了"技术＝生产技术＝机器"这样一种简单化的倾向①。

日本学者的技术概念建立在对马克思主义和西方技术哲学的研究基础之上，颇具特色。户坂润在他的《技术的哲学》一书中，一方面从劳动资料的客观体系侧面把握技术，另一方面又把它作为不能从人类劳动实践活动中隔离出来的东西，并对技术做了如下划分（见图2-1）。

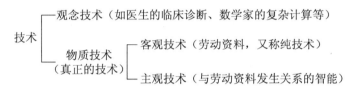

图2-1 日本学者户坂润对技术的分类

总之，户坂润认为技术这一概念不仅仅限于生产力或作为生产力直接结果的生产关系的范围，而是一个具有广阔的社会性的常识概念。

武谷三男批判了日本技术哲学研究中以"劳动资料体系说"为中心的倾向，提出了技术的"应用说"。武谷认为，所谓"技术就是在人类实践（生产实践）中客观规律性的有意识的应用"②。与技术的劳动资料体系相比，这种概念规定更好地抓住了技术的实践本质。值得一提的是，武谷主张把技术与技能截然区分开来，否定"技术＝技能"的观点。他认为，技术属于客观的、有组织的、社会的东西，而技能是主观的、心理的、个人的东西。技能常被发展的技术所取代。新的技术要求新的技能，而新技能又会由于技术的再发展而再次被取代。两者是辩证统一地发展着的，而劳动就是在两者的统一中实现的。

学术界对技术的理解可以说是莫衷一是。1973年，英国学者K.诺里斯和J.维西又提出了技术的几种含义：（1）技术包括所有工业革新进程中的科学和工程活动；（2）技术可看作工程的同义词；（3）技术是技巧的集合；（4）技术是工业技术的科学；（5）技术是能生产一定实际产品的投入要素的各种不同组合。我

① 万长松，陈凡. 苏俄技术哲学研究的历史和现状 [J]. 哲学动态，2002（11）.

② 黄顺基，黄天授，刘大椿. 科学技术哲学引论：科技革命时代的自然辩证法 [M]. 北京：中国人民大学出版社，1991：254.

国学者黄顺基、黄天授、刘大椿教授则认为，技术就是人类在利用自然、改造自然的劳动过程中所掌握的各种活动方式、手段和方法的总和。

此外，国际组织对技术也有界定，例如，国际货币基金组织（International Monetary Fund，IMF）在其文件中规定："技术是做事的方法，使用一种方法需要几种要素，即有关这种方法的资料、实施这种方法的工具及关于这种方法的知识。"联合国工业发展组织（United Nations Industrial Development Organization，UNIDO）对技术的定义是："技术或技术秘密指的是制造一种或多种产品，以及为此目的而建立一个企业所需要的知识、经验和技能的总和。"①

从以上研究可以看出，很多技术的定义都从不同的侧面反映了技术的构成要素，如有的把技术看成工具、机器和设备，有的把技术看成知识、经验和技能，还有的把技术看成工艺、方法。这些技术的定义从不同侧面揭示出技术的不同本质特征，如技术的工具性特征、目的性特征等。此外，一些定义反映了技术的更深层次的本质，如认为技术是一种人类活动，是一种过程等。

二、对技术本质的基本理解

通过上述对技术本质认识的历史考察，我们可以从以下三个方面形成对技术本质的基本理解。

（一）技术的要素和结构

技术具有三个构成要素：技能、手段、方法。

技术本质上并不是科学的派生物或附属品，而是"人类在与自然彼此相互作用时，用来扩展他们肌肉、感觉和智慧的一切手段与方法——在创造文化价值方面也起着重要的作用"②。亚里士多德把技术定义为人类活动的技能，机器大生产时代法国（狄德罗）、德国（恩斯特·卡普、贝克曼、弗里德里希·拉普）、美国（卡尔·米切姆、C. 辛格）以及苏联的学者把技术定义为用来制造或生产物质的知识和装置，是为某一目的共同协作组成的各种

---

① International Labour Organization. Safety, health and working conditions in the transfer of technology to developing countries [EB/OL]. [2005-12-23]. http://www.ilo.org/public/english/protection/safework/cops/english/download/e880858.pdf.

② 拉兹洛. 多种文化的星球：联合国教科文组织国际专家小组的报告 [M]. 北京：社会科学文献出版社，2001：216.

方法、工具和规则的体系。《辞海》对技术有这样的解释："根据生产实践经验和自然科学原理发展成的各种工艺操作方法和技能，广义地讲，还包括相应的生产工具和其他物质设备，以及生产的工艺过程或作业程序和方法。"此外，国际组织对技术的理解也持此种观点。

从技术的构成要素出发，可以把技术分为三种形态——经验形态的技术、实体形态的技术、知识形态的技术。经验形态的技术是由经验知识、手工工具和手工性经验技能等技术要素形态组成的，以手工性经验技能为主导要素的技术结构；实体形态的技术是由机器、机械性经验技能和半经验半理论的技术知识等要素形态组成的，以机器等技术手段为主导要素的技术结构；知识形态的技术是由理论知识、自控装置和知识性经验技能等要素形态组成的，且以技术知识为主导要素的技术结构①。

实体形态的技术与具体的物质（工具、设备、材料）有关，可把它称为物化技术（即一般狭义理解的技术）；经验形态和知识形态的技术与人的智力有关而与物质无关，可把它称为智能技术（简称方法）。由此可以认为：技术由物化技术和智能技术两部分组成。

（二）技术的属性

技术的属性通常被概括为自然属性和社会属性。

所谓技术的自然属性，是指在人们使用技术变天然自然为人工自然的过程中，技术无论是作为劳动手段还是作为工艺或技能，都必须遵循自然规律，任何时代的技术都是对自然规律的应用，任何违背自然规律的技术都是不能实现的②。

所谓技术的社会属性是指在人们运用技术变天然自然为人工自然的过程中，技术受到社会条件的严格制约，没有基于社会需要的技术目的的推动，技术是无从产生的，而任何技术目的的规定和实现，都要受到政治、经济、军事、科学、教育、文化、民族传统等社会条件的制约。这些因素在不同程度上影响技术发展的方向、规模、速度和模式，也影响技术的风格和形式。即使依照同样的科学原理，达到同样功能的技术，在不同时代对不同民族也有显著不同的风格和特色③。在这里，技术的社会属性被界定为两点：一是

①　刘大椿. 科学技术哲学导论［M］. 北京：中国人民大学出版社，2005.
②③　国家教委社会科学研究所与艺术教育司. 自然辩证法［M］. 北京：高等教育出版社，1991.

目的性；二是社会条件制约性。目的性反映的是人与技术的关系问题，技术的目的性可以理解为"为了满足人类的需要"。在德国《弗塞尔彩色大百科词典》中，这一点体现得更为明确："只有当人们充分认识到技术是有用的，而且是必要的时候，技术的发明才有可能被利用，并促进其发展。"

纵观人类利用技术达到自己目的的过程，不难发现，人类发明、应用和革新技术源于人们对现实的不满意或实际中存在的亟须解决的问题，这个过程还包含对技术的有效性的追求，体现在效率、效果和效益三个方面。技术总是试图在这三个方面达到统一，如果不能达到统一，也至少要在一个方面达到可以接受的程度，绝对不存在三者都被放弃的技术。技术的目的性和有效性在下述文字中得以很好地体现。

Technology—a system based on the application of knowledge manifested in physical objects and organizational forms, for the attainment of specific goals, developed and applied so that we can doing things not other in possible, or so that we can do them cheaper, faster, easier. It goes beyond the usual identification with pieces of hardware and ways of manipulating them[1]. （技术是指人们为达到某些特殊的目标而开发的以客观对象和组织形式的知识表征为基础的应用体系，这种体系的发展与应用使得我们有可能完成某些事务，或者能更低廉、更快速、更便捷地完成这些事务。它远优于惯用的那些硬件及其操作方法。）

（三）技术的本质

技术在本质上是人类改造自然的活动。无论是作为体系的技术（技术是劳动手段的体系），还是作为过程的技术运用（技术是指科学和其他有组织的知识在实际任务中的系统运用），技术都是达到某一目的的手段；技术是人的活动[2]。从本质上说，技术是一种劳动的形态，是人类自身功能对象化的产物。

基于以上几点，可以将技术定义为：在一定的社会条件下，人类依据自然规律，利用自己的技能，借助一定的物质手段，按照一定的方法改造自

---

[1] Application of technology ［EB/OL］. ［2006 - 09 - 23］. http：//www. unb. ca/web/courses/sociology/coci2534/ la. htm.

[2] 高亮华. 人文主义视野中的技术 ［M］. 北京：中国社会科学出版社，1996.

然，以满足人类需要并追求有效性的活动。

综上，可以对技术做广义和狭义两种理解：广义的技术包括在解决某一问题时涉及的所有的物化技术和智能技术的有机整合；狭义的技术强调其中一部分技术而并非全部。并且，技术的本质决定了它具有双重属性，其自然属性表现为任何技术都必须符合自然规律，其社会属性则表现为技术的产生、发展和应用要受社会条件的制约。

第二节　研究启示：利用技术支持教学

一、教育技术：产生与发展

（一）教育技术的内涵

关于教育技术，不同时期不同学科背景的学者有着不同的理解[①]，其典型的定义来自美国教育传播与技术协会（Association for Educational Communications and Technology，AECT），包括：媒体—工具论（AECT '70）、手段—方法论（AECT '72）、理论—实践论（AECT '94）、绩效—创新论（AECT '05）等。虽然教育技术的内涵与外延均在不断变化，但是从各种定义可以看出共同的观点：教育技术的基本要素包括方法、工具和技能；教育技术围绕教学过程和教学资源展开理论研究和实践；教育技术支持和优化教学，旨在最终促进学习者的学习。

在此，按照技术本质的理解，对教育技术的内涵加以界定：在教育教学领域，技术是指科学和其他有组织的知识在解决实际问题或完成现实任务中的系统运用，它包括物化技术和智能技术两个部分。物化技术是指解决实际问题或完成现实任务中使用的工具和设备，如仪器、视听媒体、计算机、网络等硬件及其软件等。智能技术是指解决实际问题或完成现实任务中使用的知识、策略、方法和技巧，如思维方法、学习策略、教学设计等。技术要有效地支持教育改革或改善学习成效，必须综合物化技术和智能技术[②]。

---

① 刘美凤.教育技术学学科定位问题研究 [M].北京：教育科学出版社，2006.
② 祝智庭，钟志贤.现代教育技术：促进多元智能发展 [M].上海：华东师范大学出版社，2003：54-55.

在本研究中，技术更多地是指信息技术①。所谓信息技术是指以多媒体计算机技术和网络通信技术为核心的技术形态。祝智庭教授认为，从广义来讲，信息技术古而有之，但我们现在所说的，主要是以计算机为基础的数字化技术。从技术特点来看，这种信息技术具有数字化、多媒化、网络化和智能化等显著特征，是支持信息化教育的基础②。南国农教授在比较研究的基础上，认为信息技术是指对信息的采集、加工、存储、交流、应用的手段和方法。它的内涵包括两个方面：一是手段，即各种信息媒体，如印刷媒体、电子媒体、计算机网络等，是一种物化形态的技术；二是方法，即运用信息媒体对各种信息进行采集、加工、存储、交流、应用的方法，是一种智能形态的技术。信息技术由信息媒体和信息媒体应用的方法两个要素组成③。

（二）教育技术的发展变迁

不论是"教育中的技术"，还是"教育的技术"，技术涉入教学领域都经历了一个漫长的过程，教育技术产生发展的历史，就是人类社会进步和科学技术发展在教育领域中绘就的一幅生动的画卷。

有许多学者和组织从多个角度对教育技术的产生发展做了专门的研究，例如美国教育传播与技术协会（AECT）依照 AECT 产生发展的历程，基于20 世纪影响重大的媒体技术在教育教学中的应用，把教育技术的发展分为六个阶段④。保罗·赛特勒（Paul Seattler）就美国教育技术的演化出版了专著，认为技术除包括工具和机器外，还包括技能和组织如劳动分工⑤。厄尔·莫罗（Earl Morrogh）从信息架构的视角，深入分析了人类利用语言、

---

① 当前，在教育技术研究领域，技术一般是信息技术的代名词。尽管我们知道教育技术中还有许多其他物化技术，但信息技术被约定为技术已是一种普遍的现象和趋势。例如，《面向学习者的美国教育技术标准——课程与技术整合》一书在开篇就对"技术"予以注释：本书中"技术"一词，一般情况下指信息技术。这意味着在技术指代其他物化技术时要予以特别说明，如视听技术。这也从另一个侧面说明，信息技术已成为时代的主流技术。

② 祝智庭. 现代教育技术：走进信息化教育 [M]. 北京：高等教育出版社，2001：84.

③ 南国农. 信息技术教育与创新人才培养（上）[J]. 电化教育研究，2001 (8).

④ AECT Webmaster. Association for Educational Communications and Technology in the 20th century: a brief history [EB/OL]. [2005-03-27]. http://www.aect.org/About/History/.

⑤ Seattler P. The evolution of American educational technology [M]. Information Age Publishing, Inc., 2004.

文字、印刷术、电报、电话、无线电、电视、计算机及网络技术的历史过程和影响①。通过对国际上教育技术的发展历程的考察，可以清晰地描绘出教育技术发展对教育教学的影响。

1. 物理科学模式：依靠资源改善教学

纵观教育的历次变革和发展，可以发现媒体技术在其中起着关键的支撑作用。从口耳相传到文字教材，从直观教具到音像媒体，从程序教学机到计算机辅助教育系统，乃至今天的教学媒体的数字化聚合（Digital Convergence），我们都可以找到教育发展的一条线索——媒体技术发展的物理科学模式，每一次媒体技术的演进都蕴含着革命性的意义，也都促生了新的教育形式（见图2-2）②。

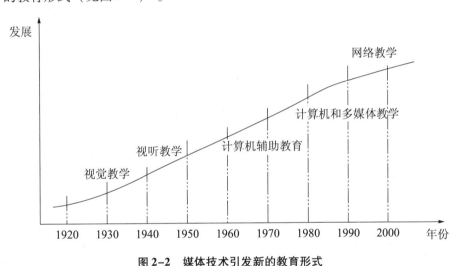

图2-2 媒体技术引发新的教育形式

从教学技术的交互性与教学模式的耦合关系来看，教学技术和教学模式发生了相应的变化（见图2-3）。

祝智庭教授归纳了教育技术给教与学带来的重大变化，主要表现在以下几个方面③。

---

①② Morrogh E. Information architecture：an emerging 21st century profession ［M］. Prentice Hall, 2003.

③ 祝智庭，顾小清，闫寒冰. 现代教育技术：走进信息化教育 ［M］. 修订版. 北京：高等教育出版社，2005.

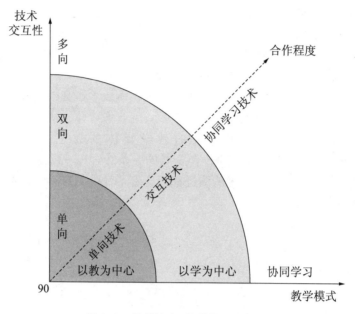

图2-3 教学技术/教学模式的演进

（1）声—光—电技术的教学应用使教学信息得到了有效增强；

（2）电信传播技术的运用使教学突破了空间的限制；

（3）电磁和数字记录技术的运用使教学信息的利用突破了时间的限制；

（4）多媒体技术拓宽了人们接收信息的通道带宽；

（5）智能技术改变了教学系统的功能结构；

（6）传播技术与记录技术的结合改变了教学系统的结构，如出现了异步教学形态；

（7）计算机网络技术的应用改变了教育的形态，产生了"虚拟教育"。

他还对教学过程的现有支持技术做了概括分析（见表2-1）。

毫无疑问，教育变革与媒体技术之间关系密切。这种密切性主要表现在：一方面，媒体技术的进步为教育的发展提供了条件和支持；另一方面，教育的发展又反过来促进了新的媒体技术和媒体形式的产生。新技术的发展和学习过程模型的变化，使媒体的教学功能不断发展变化，由辅助手段发展为教学过程的基本要素、促进信息内部加工的外部条件和认知建构的学习情境，教学媒体技术成为"依靠资源改善教学"理论和实践的重要领域之一。

表2-1　教学过程中的技术支持

教学过程组元	结构/形态	技术/方法	
		同步学习	异步学习
程序学习	一对多 渐进的，多重部分，直觉	讲演 课堂活动 交互电视（系统组） 电视会议	课本书 录音带 录像带 多媒体演示 计算机辅助教学
选择性资源的学习	多对一 由指导者引导，独立	A/V课堂 IV摄像机文档 计算机白板	有要求的阅读 预定图书馆 网站学习过程 常问答列表
合作指导学习	多对一 交互的，由指导者控制	学习小组 电话会议 交互录像 聊天室	邮件 电子邮件 网站论谈 电子书刊，网上新闻
咨询学习（指导）	一对一 高度交互，由学生个体需要来指导	面对面会谈 电话 交互录像 PC白板与音频 聊天室	邮件 电子邮件 声音邮件
调查/独立学习	多对一 独立学习，自我激励与指导	面对面交谈 电话交谈 交互录像交谈 研究领域	图书馆 档案 数据库 网站 电子邮件交谈 电子书刊 电脑文档书库 电子书刊信息索引 网上论坛调查 辅助邮件调查

续表

教学过程组元	结构/形态	技术/方法	
		同步学习	异步学习
知识辅助发展	多对一 学科标准，协议，掌握学科基本知识和词汇	传统课程 测试 录像交互课程	工作过程 在家作业 网上辅助学习和自我测试工具 综合测试
应用学习活动	一对自我 通过应用练习来自我整合主题，通过自我解决问题练习来理解相关知识	课堂练习 角色扮演 情境教育 学生表演 论文答辩 礼拜仪式	课程计划 主题 终稿
非正式合作学习	多对多 偶然的，自发的，随意的	走廊，自助餐厅，人行道等场合的讨论 礼拜仪式 虚拟现实（聊天室）	通信 电子邮件 电子书刊 BLOG（网志）

2. 互动融合扬弃：教育创新的重要力量

回眸教学媒体在教育技术中产生发展的历史，可以说每一次进步都是理念创新在一定社会历史条件下的一种"扬弃"。不同时代的教育观念的改变无不与人们当时对社会、自然和人本身的认识水平有关，许多教育观念在近代甚至古代就有了朴素的雏形，而新的发现和新的科技会促使人们为这些朴素雏形赋予当代意义。因此，教育理念创新的极端重要性将永远存在，而且教育理念与其他领域的理念（信息技术、脑科学等）的最新发展进行合理互动，无疑对教育理论与实践更具现实意义，甚至这种互动的成功与否将在很大程度上反过来决定教育理念创新的成败。可以肯定地说，相关领域的创新推动着教育技术的发展，而教育技术的发展又推动着教育的深化改革。

教育技术的理论和思想在其形成与发展的过程中，始终围绕三条轨迹推动教育创新：第一条是视听教学的发展，形成了教育依靠教学资源来解决教学问题的思想和方法；第二条是程序教学的发展，促成了教育以学习者为中心的个别化教学思想和方法的形成；第三条是系统科学思想和方法的融入，把行为主义、传播理论、学习理论、系统方法等有机地结合到一个过程论的构架中，构成一个新的知识体系，创造出一种定型化的、可操作性的教学开发的系统方法，从而形成对教学过程整体设计的思想和教学过程的设计模式，教学设计理论由此建立，构成了教学过程设计、实施与评价的思想和方法。

　　从图2-4和图2-5①可以看出，20世纪70年代以后，在上述教育技术理论和思想发展的三条轨迹中，视听传播领域由于受到行为科学和系统理论的影响，逐渐与程序教学思想和开发方法及系统的设计教学方法相互渗透、结合，形成了一个总的促进学习的方法。80年代以后，新信息技术的发展、新型媒体的开发及新的传播手段的开发与应用，使视听传播教学领域出现了借助卫星通信技术的远距离教学形式，在个别化教学形式中出现了基于多媒体技术的多媒体教学形式、基于网络技术的网络教学形式和基于计算机仿真技术的"虚拟现实"的教学形式，而在系统设计教学领域里，原来以行为主义学习理论和传播理论为基础的教学设计的系统方法，正在向认知理论的信息加工的设计模型、建构主义设计模型以及综合的设计模型发展。

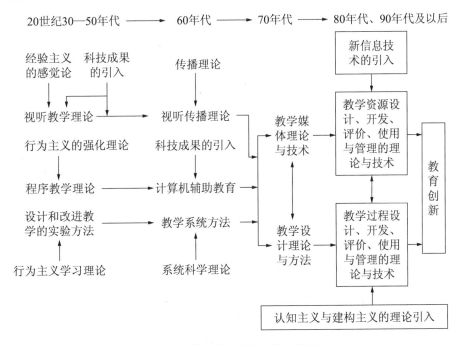

图2-4　教育技术理论的融合发展

① 尹俊华. 教育技术学导论［M］. 2版. 北京：高等教育出版社，2002.

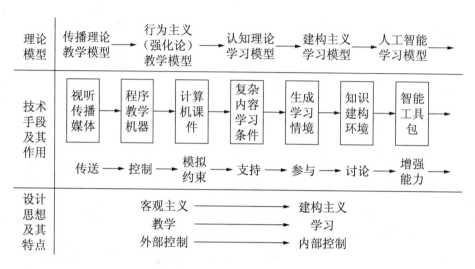

图 2-5　教育技术思想的演变

综上所述，教育技术的理论和思想的不断丰富和发展，成为教育创新的重要力量。

二、研究启示

教育技术发展的过程和成功的经验表明，利用技术支持和变革教育、教学，其趋势和作用日渐凸显。国内外许多学者的研究和实践证明，关于技术对教育革新的作用，研究结果是肯定的、积极的和多方面的。主要包括以下几点①。

---

① 技术对教育变革的积极意义是多方面的,对此,相关研究论述比较丰富,可参考：Bagley C, Hunter B. Restructuring, constructivism, and technology：forging a new relationship ［J］. Educational Technology,1992,32(7)：22-27；国际21世纪教育委员会. 教育：财富蕴藏其中[M]. 联合国教科文组织中文科,译. 北京：教育科学出版社,1996：166-173；桑新民. 基础教育信息化的理论与实践探索［M］//全国中小学现代教育技术实验学校领导小组办公室. 学校教育现代化建设. 北京：中央广播电视大学出版社,1998：37-53；Galbreath J. Preparing the 21st century worker：the link between computer-based technology and future skill sets[J]. Educational Technology,1999,39(11-12)：14-22；国际教育技术协会《国家教育技术标准》项目组. 面向学习者的国家教育技术标准：课程与技术整合[M]. 祝智庭,刘雍潜,黎加厚,主译. 北京：中央广播电视大学出版社,2002；祝智庭,钟志贤. 现代教育技术：促进多元智能发展[M]. 上海：华东师范大学出版社,2003：70-77；陈琦,张建伟. 信息时代的整合性学习模型：信息技术整合于教学的生态观诠释[J].北京大学教育评论, 2003 (3).

（一）技术有利于引发和支持教育变革

祝智庭教授认为，一方面，信息技术的应用引发了教育改革（顺应改革）。信息技术的广泛应用，改变了信息资源的社会分布形态和人们对它的拥有关系，使得信息的多源性、易得性、可选性成为现实。由此，传统教育活动中的信息不对称变为信息对称，从而削弱了教育者的权威，为改变传统的教育关系，发展民主化的教育模式提供了可能，且对教育者的自我角色更新提出了挑战。在信息对称条件下，如何重构教育关系，是当代教育者面临的新课题。另一方面，利用信息技术有助于支持教育改革（谋求改革）。出于对现行教育的不满和对理想教育的追求，人们不断地寻求教育改革的出路。教育改革是多方位多层次的，如体制改革、课程改革、教学方法的改革等，而利用信息技术特别有助于支持课程与教学方法的改革，谋求理想的教学效果，促进教育信息化的进程（见图2-6）[①]。

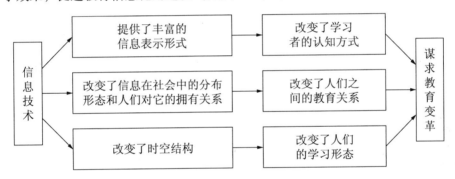

图2-6 信息化教育变革观

1993年，米恩斯（B. Means）等10多位资深专家向美国教育部提交了一份题为《用教育技术支持教育改革》的报告[②]，该报告为如何运用现代化信息技术进行基础教育改革提供了指导性的框架，提出了革新教学的若干特征（表2-2）。

---

① 参见祝智庭教授的学术报告（2001）。
② Means B, Blando J, Olson K, Middleton T. Using technology to support education reform［EB/OL］. (1993)［2005-08-09］. http://www. eric. ed. gov/ERICWebPortal/recordDetail? accno=ED364220.

表2-2　革新的教学与传统的教学

传统的教学	革新的教学
教师导向	学生探索
说教性的讲授	交互性指导
单学科的固定教学模块	带真实任务的多学科延伸模块
个体作业	协同作业
教师作为知识施与者	教师作为帮促者
同质分组（按能力）	异质分组
针对事实性知识和离散技能的评估	基于绩效的评估

　　该报告进一步指出，现代教育改革的核心是使学生变被动型学习为投入型学习（Engaged Learning），让学生在真实的环境中学习和接受具有挑战性的学习任务。在教育中应用技术的根本目标是促进教学形态由被动型向投入型转移。而技术从性能上又有高低之分（以下简称高技术与低技术）。由此，可以建立一个技术在课堂教学中的作用模式（如图2-7所示）。

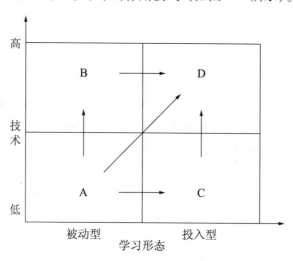

图2-7　利用技术支持教学改革的行动空间

由图 2-7 可知，目前课堂教学的主流状态仍然属于由低技术转向高技术支持的被动型学习，即 A→B，需要由高技术的应用转向支持高投入型的学习（即 B→D），以充分发挥高技术的优势，创建各种新颖的教学方法，全面实现革新的教学①。

（二）技术有益于促进学习者的有效学习

巴格利（C. Bagley）和亨特（B. Hunter）认为，技术在以下方面能积极地促进学习者的学习：支持学习者的自主学习；使学习者更有自主权和效率感；提高学习时间的持续性，使学习者体验学习的乐趣；充分利用学习资源，促进学习者反思；提高学习者问题求解的水平；开展协作学习，促进学习者创新和批判性思维能力的发展②。2001 年，美国教育部教育研究与发展办公室资助的"技术与教育改革研究"项目，就技术对课堂学习和学习者发展的作用问题，进行了实地调查和测评分析。研究表明，技术有以下积极的作用：有助于学习者与教师角色的转变；能激发学习者的学习动机，增强其自尊感；有益于学习者掌握必备的技术技巧；能使学习者胜任更复杂的任务；有益于学习者加强与同伴的合作；促进学习者对外部资源的利用；提高学习者的设计技巧，增强其关注对象的意识③。

（三）技术有助于培植、创设和维护新型的学习生态环境

巴纳德（Barnard）和桑德伯格（Sandberg）认为，在以学习者为中心的学习环境中，技术的作用主要表现为三大方面：（1）内容，包括电子图书、数字图书馆、数字博物馆和学习者数据库等；（2）共同体，利用信息技术与教师、同伴、父母和参与者等进行沟通互动；（3）信息处理，包括信息技术作为处理信息的设备仪器、认知工具和教育代理工具等。有学者认为，技术在培植和维护新型的学习生态系统中主要发挥四种功能作用：一是作为学习监控工具，帮助学习者和教师对学习活动进行规划设计、追踪监察和评价反

---

① 祝智庭. 信息技术在课堂教学中的作用模式：理论框架与案例研究［EB/OL］.［2006-06-17］. http：//www. shtvu. edu. cn/zhzht/xinxizuoyongmoshi. htm.

② Bagley C，Hunter B. Restructuring，constructivism and technology：forging a new relationship［J］. Educational technology，1992，32（7）：22 – 27.

③ AAC&U. Research on technology-based education［EB/OL］.［2006-05-27］. http：//www. aacu-edu. org.

思；二是作为媒体，承载和传递各种类型的教学信息；三是作为信息处理工具，帮助学习者对各种类型的数据资料进行加工处理，并设计生成新的信息产品；四是作为共同体互动工具，支持学习者与学习社群成员的交往互动①。

　　关于技术支持的学习环境的理论，将在本书第三章第四节做进一步的阐述。

---

　　①　陈琦，张建伟. 信息时代的整合性学习模型：信息技术整合于教学的生态观诠释［J］. 北京大学教育评论，2003（3）.

第三章　聚合时代：数字化聚合的产生与发展

第一节　数字化聚合：产生与发展

回眸 20 世纪以来社会的发展，毋庸置疑，我们已生活在充满信息的互联网络时代。10 多年前，尼葛洛庞帝（Nicholas Negroponte）在《数字化生存》一书中首次预言：10 多年之后，全球将不可阻挡地进入数字化学习时代，我们的学习将以完全不同于过去的方式进行，并带来颠覆性革命……如今，用 1 和 0 表征、处理、传送的数字化世界已展现在我们面前，数字化聚合（Digital Convergence）正在成为一种基础性的变革，也正在很大程度上改变我们的工作甚至行为习惯。

一、数字化聚合释义

如果用搜索引擎谷歌（Google）在互联网上搜索"Digital Convergence"，会获得至少 3190 万个相关网页的查询结果（查询时间：2007 年 3 月 25 日）。

综合许多学者的观点①，所谓数字化聚合，是指将原先分离的信息格式转化为可多重处理的数字格式的能力，在一定程度上，将数字世界与物理世

---

① 参见：Mueller M. Digital convergence and its consequences [J/OL]. The Public, 1993, 6(3):11 – 28. [2005 – 03 – 22]. http://javnost-thepublic.org/article/pdf/1999/3/2/; Scales S D. Planning for convergence: who's doing it, who's not, and why? [EB/OL] [2005 – 06 – 13]. http://dcc.syr.edu/miscarticles/rp2.pdfdneg; Thyfault M E. Resurgence of convergence [EB/OL]. [2005-11-09]. http://www.informationweek.com/677/77iuvoi.htm; Bradley J. Meeting the challenge of 21st century librarianship [Z]. Special Libraries Association, Upstate New York Chapter, April 19, 2002; Baldauf K. Computer literacy: a new approach [EB/OL]. [2005 – 08 – 28]. http://www.cs.fsu.edu/~baldauf/courses/Maclay2004/presentations/CH4–hardware.ppt.

界通过各种方式加以融合，按照可用的数字化世界的形式将物理世界的信息表现出来。换言之，所谓数字化聚合，是指基于数字化技术的媒体共享及信息交换，并可经由网络进行数字化信息的传播。

数字化聚合的概念最早是在1978年由麻省理工学院（MIT）实验室的尼葛洛庞帝提出的，他将不断兴起的计算机世界、印刷和广播业交织在一起，形成了汇合的概念。如今，30多年过去了，这种聚合的概念变成了现实，并出现了新的聚合发展的态势，有学者用数字化聚合丛表征这种数字化聚合的情形（见图3-1）。

图3-1　数字化聚合丛

数字化聚合的特征，可以归结为以下三个方面：

- 将之前孤立的信息转换成数字化形式，并伴以多样的传输方式；
- 将之前孤立的技术设备转换成数字化形式，成为相互兼容并可进行信息交换的系统；
- 以统一的技术创建并传输多样的数字化媒体信息。

可见，数字化聚合实质上是信息技术的数字化存在形式。基于计算机强大的信息表征和处理能力，可以将语音、数字、文本、图片、图形、图像、动画等符号进行按需输入、加工和转换，并可经由网络传输，因而计算机成为数字化聚合的重要平台之一。

从目前来看，体现数字化聚合特征的技术产品有很多，除了常见的计算机多媒体和网络外，还有诸如数字音频广播（Digital Audio Broadcast，DAB）、移动电话（Mobile Phones）、数字电视（Digital TV）、数字卫星广播（Digital Broadcast Satellite）、数字电影（Digital Movie）、数字激光视盘（Digital Video Disc，DVD）、数码相机（Digital Camera）、数字视频录像机（Digital Video Recorder，DVR）、MP3、MP4 等。仅以家庭类数字产品的消费来看，数字化技术产品已逐渐走进人们的办公与生活之中，成为数字生活的主要内容（见图 3-2）。

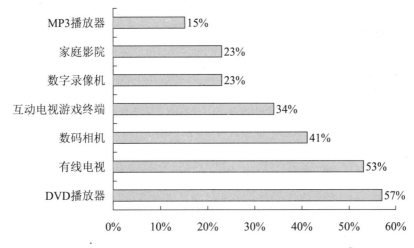

图 3-2　12 个全球市场中家庭类数字产品的市场拥有量①

数字化聚合改变了媒体的传输形式，也因此改变了媒体传输的系统。在经过数字化聚合的环境中，我们所习以为常的媒体，像书、照片、电影、电视、立体声系统、甚至电话和传真，都能够在统一的平台上进行创建和传输。

---

① 参见 2004 年 10 月一项针对 12 个全球市场中的 6544 名成年人的调查（Ipsos Insight，The Face of the Web 2004）。

二、数字化聚合产生发展的动因

数字化聚合现象的出现由以下三个因素所致①。

一是"1"和"0"可以表征任何事物。尼葛洛庞帝认为，任何事物均可转化为数字形式，用二进制的"1"和"0"的不同组合，就可以将大千世界中的万事万物做数字化表示。

二是数字化可以提升媒体的质量。这得益于媒体技术由模拟技术发展到数字技术的结果。

三是数字化技术的不断发展。随着计算机软硬件技术的不断进步、网络宽带传输质量的改善，各类信息格式的创建、传输变得方便快捷。

此外，信息存储能力、运算能力按照摩尔定律（Moore's Law）的提升，也是数字化聚合产生发展的非常重要的物质条件。

数字化聚合是数字技术的发展，是人类高级智慧的结晶，是尖端科学与高新技术的融汇，是最新理念与大胆实践的结合，是研究与开发的统一。数字化聚合带给21世纪人们的惊喜可以归纳为以下几个方面②：

- 随时都能以更低廉的价格，向任何人或从任何地方购得产品及服务；
- 更容易向传统市场以外的顾客销售货品；
- 依靠办公地点的信息科技工具，能更有效及快捷地工作；
- 更容易及以更低廉的价格与远方的家人、朋友、同事沟通交流；
- 更容易与遍布世界各地的人士分享知识和经验；
- 接触丰富的信息及知识，提升个人、学习、社会和工作生活的质量；
- 更容易及更快捷地得到自己所选择及需要的产品和服务。

总之，数字化聚合为人类改变生活及工作方式提供了越来越多的机会，带来了崭新的学习、经营及社交方式。把握好数字化聚合的发展趋势和机遇，迎接挑战，与时俱进，是提高国家科技创新能力、增强综合国力的历史必然选择。

---

① 参见：Anon. Get ready for digital convergence：a primer on life in the twenty-first century［EB/OL］．［2006-04-27］．http：//www. emcp. com/intro_ pc/reading7. htm.

② Hong Kong's digital 21 IT strategy.［EB/OL］.［2007-03-12］.http：//www. digital21. gov. hk/eng/.

三、教育技术的数字化聚合

以数字化技术、多媒体技术和网络传输为标志的新型传播形态，代表着信息社会的媒体工作内涵标准。数字化传播的核心特征是"数字汇聚"，即把任何形式的信息——不论是文字、声音、图像、图表、动画，还是代码等——都转化成二进制的 0 和 1，以便于存储、编辑、传输和操作的技术。数字化传播与传统大众传播有很大不同，具有非常鲜明的网络集成与终端交互特点，是多学科融合的大交叉学科结构。其理论基础以传播学与信息科学为中心，技术基础则以计算机技术与网络技术为中心。

媒体的数字化聚合，带来了教育技术的数字化聚合（见图 3-3）。例如，数字图书馆、电子阅览室、数字化实验室（虚拟实验室）、虚拟教室，以及基于 WiMax 的学习——一种无线网络支撑下的在线学习方式，基于 Podcast 的学习——利用 MP3 播放器进行的离线音频学习方式，基于 Vlog（或 Videoblog）的学习——利用视频播放器进行的离线视频学习方式等。当多样的技术能够以统一的形式在教育教学活动过程中创建、共享、交换、传输的时候，就会形成一个数字化教育教学环境，实施信息化教育就有了更广阔的空间和可能，教育技术也才能走向新的高地[①]。

数字化教育教学环境以数字化、智能化、网络化与个性化为特征，它是引发教育创新的催化剂。

第一，教育技术的数字化聚合将"现实世界"、"虚拟世界"和"个性世界"连通起来，促进人们生活方式、学习方式与工作方式的重大改变。教育技术首席执行总裁论坛（CEO Forum on Education and Technology，简称 CEO 论坛）在 2000 年 6 月召开了以"数字学习的力量：整合数字内容"为主题的第 3 次年会。在这次年会上，CEO 论坛提出了一个重要的观点：在 21 世纪，建立可能达到的最佳教育环境的关键是，通过课程将技术、连通性、内容和人力资源有机地整合起来。他们将这种整合的方式称为数字学习。

第二，教育技术的数字化聚合要求变革传统的教育观念、教育思想与教育模式，取而代之的是以人的发展为本，尊重人的独立性、主动性、首创性

---

① 祝智庭. 教育信息化：教育技术的新高地〔J〕. 中国电化教育，2001（2）.

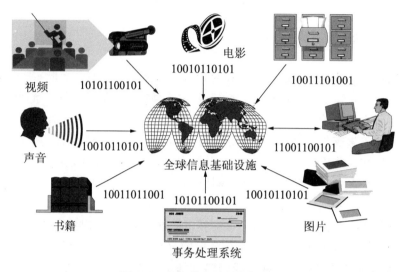

视频 10101100101

电影 10010110101

声音 10010110101

书籍 10011011001

事务处理系统 10101100101

全球信息基础设施

10011101001

11001100101

图片 10010110101

图3-3 教育技术的数字化聚合

与合作性的新观念、新思想与新模式，实现观念创新。

第三，教育技术的数字化聚合要求将新的技术手段，如信息技术、软科学技术、人工智能等，作为推进素质教育的认知工具与支撑平台，更有力地开发人的各种潜能，实现技术创新。

第四，教育技术的数字化聚合要求对原有的课程体系进行重新审视，实施基于数字平台的课程以及教材与教学的改革，实现课程创新。

第五，教育技术的数字化聚合要求大力推进对校长与教师的培训，建构适合于数字化环境的高效运作的现代学校制度和学校教育行政管理体系，培养高素质教师，实现教师专业化发展。

总之，研究数字化聚合环境下的教育，旨在促进教育创新。大量使用数字技术的数字化聚合的不断发展，必将加剧教育技术的数字化聚合，数字化学习、数字教育、数字学校正逐渐成为信息化教育的现实。

第二节 课堂信息化：困境与诉求

为迎接已经到来的信息社会对于教育的挑战，大力推进教育信息化进程，普遍开展信息化教育，培养面向21世纪创新人才，已经成为当代教育的共识和重要发展趋向。我国政府为深化教育改革，大力推进素质教育，决定从2001年开始，用5—10年的时间，在全国中小学普及信息技术教育，全面实施"校校通"工程，以信息化带动教育的现代化，实现我国基础教育跨越式的发展。"十五"期间，启动了中国教育信息化技术标准建设项目、国家基础教育资源建设项目以及中小学教师教育技术能力建设项目。通过实施农村中小学现代远程教育工程，着力改变农村教育信息化局面。截止到2005年年底，我国中小学教育信息化取得了举世瞩目的成就①。

一、信息化教学

信息化教学是指教育领域中广泛应用信息技术（IT），以教学过程的设计和学习资源的利用为特征的新的教学形式②。

祝智庭教授认为，从技术上讲，信息化教学的基本特征是教学的数字化、网络化、智能化和多媒化。数字化使得教育信息技术系统的设备简单、性能可靠、标准统一。网络化使得信息资源可共享、活动时空限制少、人际合作易实现。智能化使得系统能够做到教学行为人性化、人机通信自然化、繁杂任务代理化。多媒化使得信息媒体设备一体化、信息表征多元化、真实现象虚拟化。

从教学实现过程上讲，信息化教学具有教材多媒化、资源全球化、教学个性化、学习自主化、活动合作化、管理自动化、环境虚拟化等显著特点。教材多媒化就是利用多媒体，特别是超媒体技术，建立教学内容的结构化、动态化、形象化表示。资源全球化就是利用网络，特别是互联网（Internet），使全世界的教育资源连成一个信息海洋，供广大教育用户共享。教学个性化即利用人工智能技术构建的智能导师系统能够根据学生的不同个性特点和需求进行教学和提供帮助。学习自主化即学生是知识的主动建构者。活动合作化即通过合作学习的方式进行学习活动，其形式包括通过计算机合作（网上合作学习）、在计算机面前合作（如小组作业）、与计算机合作（计算机扮演学生同伴角色）。管理自动化即利用计算机管理教学过程，包括计算机化测试与评分、学习问题诊断、学习任务分配等功能。环境虚拟化意味着教学活动可以在很大程度上脱离物理空间时间的限制。

---

① 国务院信息化工作办公室. 中国信息化发展报告 2006 [R/OL]. [2006-12-12]. http://www. gov. cn/info_ report2006. doc.

② 祝智庭. 教育信息化：教育技术的新高地 [J]. 中国电化教育，2001 (2).

《基础教育课程改革纲要（试行）》和一系列新课程标准的规定，要求大力推进信息技术在教学过程中的普遍应用，促进信息技术与学科课程的整合，逐步实现教学内容的呈现方式、学生的学习方式、教师的教学方式和师生互动方式的变革，充分发挥信息技术的优势，为学生的学习和发展提供丰富多彩的教育环境和有力的学习工具。作为学校育人的基本途径的课堂教学，包括课堂信息化教学，自然成为当前我国基础教育教学改革的一个重要组成部分。

二、课堂信息化教学的现实困境

在教育信息化对教育产生巨大作用的同时，从当前我国基础教育领域课堂信息化教学实践的发展来看，仍然有一些"声音"和"问题"值得反思①。正视和解决好课堂信息化教学面临的种种现实困境，有助于实现有效的教学。关于教学有效性的研究，根据不同的有效性的理念和标准，会得出不同的结论②，但都涉及教师、学生、内容、教学环境要素③。本研究着重从课堂教学授递环境的视角，分析课堂信息化教学面临的现实困境。

（一）课堂教学授递环境分析

如前所述，教学授递环境是指由各种信息传播媒体及配套运作软件组成的媒体化教学环境，外在形态上表现为媒体设备。其主要功能是：（1）为教学系统的构成要素（教育者、受教育者、学习材料）提供沟通渠道；（2）呈现媒体教材中所包含的教学信息；（3）为使用者提供对媒体进行有效控制的界面。教学授递环境是学习资源环境的重要组成部分，其结构功能在很大程度上制约着教学效能的整体水平④。

为进一步阐释课堂教学授递环境的地位和作用，可将之纳入课堂教学系统，以便从整体上厘清其与教学系统中其他要素的关系。图3-4表明，利用技术教学（Teaching with Technology）涉及教师、学生、学习内容和技术工

---

① 杨改学. 教育信息化进程中的反思 [J]. 电化教育研究, 2006 (3).

② 孟琦. 课堂信息化教学有效性：教育技术之实用取向 [D]. 上海：华东师范大学, 2006.

③ 孙亚玲. 国外课堂教学有效性研究 [EB/OL]. [2006-07-03]. http://reading.cersp.com/Teacher/School/200605/1495_3.html.

④ 郑燕祥，姚霞. 世纪初学校效能的新取向 [J]. 教学与管理, 2002 (5).

具四大要素。由于教师、学生、学习内容在教学时是相对稳定的，因而技术必须据此在技术类型（媒体特性）和技术使用方式上做相应调整，才能支持教学的有效进行。

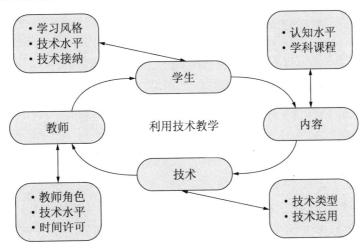

图3-4 利用技术教学模型①

表3-1回溯了近代以来国内外课堂教学环境的主要演进历程，从中我们不难发现，无论是国外还是我国，均具有近乎相同的变化过程。如今，信息技术对于促进教学的重要性已成为世界各国大多数教育者的共识。

表3-1 中外课堂教学授递环境的演进

国　外		我　国	
教学形式	课堂教学授递环境	教学形式	课堂教学授递环境
教师讲授	黑板+粉笔 讲坛+课桌椅 灯光照明	教师讲授	黑板+粉笔 讲坛+课桌椅 灯光照明
视觉教学	实物模型教具 课堂演示实验	直观教学	各类学科实验室

---

① CRLT. A model for teaching with technology[EB/OL].[2005-09-05]. http://www.crlt.umich.edu/inst/model.html.

续表

国　　外		我　　国	
教学形式	课堂教学授递环境	教学形式	课堂教学授递环境
视听教学	各类视听媒体：光学投影、录音、电视、录像、光盘播放机+屏幕	电化教学	特殊装备的多功能电教教室、语言实验室等
多媒体教学	多媒体教室：计算机+投影+屏幕（有条件时接入网络）	计算机网络教学	计算机网络教室（电脑机房、网络机房）（局域网、校园网、互联网）

（二）现实困境：问题

目前对于技术的关注重点已经开始转变，以前的关注重点是建设和运行技术设施，而现在的关注重点是评价技术在学校和课堂中应用的有效性。如图3-4所示，技术类型（媒体特性）和技术使用方式影响教师的教、学生的学以及教学内容的传递。从当前我国基础教育课堂信息化教学的实践来看，主要存在以下两大问题。

1. 教育技术观存在认识上的误区

"新技术使人类进入了信息传播全球化的时代；它们消除了距离的障碍，正十分有效地参与塑造明日的社会"，"这些新技术正在我们眼前引起一场真正的革命，这场革命既影响着与生产和工作有关的活动，又影响与教学和培训的有关活动"①。当前方兴未艾的现代信息技术，为教学感受与教学方式多样化开辟了广阔的空间，提供了教学创新与发展的物质基础。可以说，不断地把人类在社会生产与生活中创造出来的新技术加以改进并运用于教学活动中，这是人类教学进步的重要动力，是教学水平和质量得以不断提高的重要物质保证。每一项新的教学技术的应用，都给教学活动提供了新的发展空间，使教学活动在整体上得到丰富和提升。从某种意义上说，随着社会发展而不断更新、优化教学技术，是教学发展的历史规律和客观要求。

然而，技术的发展只是为优化教学提供了可能，在现实教学中，人们对

---

① 国际21世纪教育委员会. 教育：财富蕴藏其中［M］. 联合国教科文组织中文科，译. 北京：教育科学出版社，1996：27，166.

教学技术作用的认识存在明显的差异和分歧。其中，技术至上论和技术无用论是关于教学技术价值的两种比较极端的观点。

技术至上论认为技术力量决定一切，只要有了先进的教学技术设备，教学技术实力就会大幅度提高，教学质量和效益就会发生翻天覆地的变化。在实践中，就是要追求高、精、尖的新设备，"为技术而技术"，在教学技术上喜新厌旧，以新论旧评价教学技术的作用和效能。显然，这种观点把现代教学技术设备的作用提高到了不合逻辑的程度，表面上似乎是提高了现代教学技术的地位，实质上反而会动摇人们对现代教学技术的信赖，导致现代教学技术实际地位的降低。"电灌"、"机灌"现象的出现，正是这种技术"神话"论调的影子。

技术无用论则与技术至上论观点相反，技术无用论不相信所谓的技术神话，认为单靠技术设备是解决不了什么问题的，在教学实践中排斥一切新技术、新媒体、新方法的引入。这种贬低技术变革的作用的技术排斥观点，在行动上走向了保守主义，显然是不符合实际的，也是与教育信息化发展宗旨相违背的，必须予以澄清。

本书第一章对技术本质的探讨以及对教育技术理论和实践发展的过程、本质、趋势的审视证明，我们对现代教学技术价值的认识，应坚持"两点论"：既要坚信现代教学技术具有巨大的作用，又要看到它的工具本质。在对待人类社会发展历史进程中的各类教学技术时，既要看到其优点，也要看到其不足之处。既不存在毫无用处、一无是处的教学技术，也不存在毫无缺点、十全十美的教学技术。各类教学技术手段之间是相互补充、整体协作的关系。这才是辩证唯物主义的教育技术观。

2. 多媒体投影技术存在许多缺陷

国内有研究表明，尽管许多学校已经装备了十分先进的多媒体计算机和宽带网，但信息技术在教学中的应用普遍滞后，这种滞后现象表现在多个方面：还有相当部分（27%—32%）的教师和学校领导不会使用计算机和网络；大部分学校（87%）将计算机主要用于信息技术课程教学；教师应用信息技术的思路主要还是课件制作和计算机辅助教学（CAI）；相当部分学校的教育信息化停留在演示型课件制作和公开课上，真正把信息技术应用融入教与学全过程中的甚少[1]。在基础教育阶段，信息技术与课程整合是目前教育研究者和教育实践者普遍关注的热门问题，但是，人们发现除了一些精心

---

[1]　钟志贤，王佑镁，等. 关于中小学教师信息素养状况的调查研究 [J]. 电化教育研究，2003 (1).

准备的公开示范课迎来一片叫好声之外，在日常的教学和学习中，教师和学生并未真正体验到信息技术究竟能够给自己带来什么。信息技术真正走进中小学课堂，突破教育信息化"最后一公里"的瓶颈，是我们必须正视和破解的难题。

丁兴富教授指出："各国基础教育信息化的实践还表明，信息通信技术在中小学的教与学的应用，起步于计算机教育与信息技术经验，随后是基于资源和基于交互的研究性学习和综合跨学科学习。最终也是最艰难的领域是各类学科课程的日常教学，即大量常规课堂面授教学。如何使千百万中小学教师每一天的常规课堂教学实现信息化，实现信息技术与学科课程教学的整合，这是 21 世纪全球基础教育革新和发展面临的重大课题。"①

如今，计算机技术飞速发展，由计算机、投影、幕布、视频展示台、中控系统组成的新的教学媒体日益普及，将声音、图像、文字、视频整合为一体的多媒体技术走进了课堂，再加上有着海量信息的互联网的接入，课堂教学变得更加丰富多彩。随着数字投影、数字展示台、数字讲台的出现，从多媒体辅助教学（MCAI）发展而来的数字化学习（e-learning），使课堂教学开始迈入一个新的时期——数字时代。从教学媒体介入课堂的发展历程来看，从黑板时代走向多媒体投影时代，教室中出现了最古老的黑板与现代化的多媒体投影并存的局面，多媒体投影系统已经成为弥补黑板无法呈现数字化材料这一缺陷的主流技术。当前，课堂信息化教学环境主要是采用多媒体技术进行教学。

然而，纯粹的多媒体投影技术也有许多缺陷，主要表现在两个方面。一方面，不能使教师在投影幕布前对计算机进行交互控制。我们不时能看到，当教师持着教鞭演示完一页幻灯讲稿后，就要跑到计算机主控台前把讲稿翻至下一页，当需要板书时，又去找粉笔和黑板擦，在幕布旁的黑板上板书。在此期间，学生的视线也不得不在教师、幕布、计算机及黑板间反复转移切换，这将分散学生的注意力。有些教师始终端坐在主控台的座椅上，教学中其身体语言的运用大受限制。更有甚者，在部分设计不合理的教室中，教师使用了投影就遮住了黑板，无法或很难进行板书。

另一方面，不能兼顾黑板和投影教学的优势。例如，如果使用了黑板，就无法使用投影。不能实现与计算机的灵活交互这一问题，带来了多媒体投

---

① 丁兴富．进入最艰难的领域［J］．中国远程教育，2004（20）：66.

影技术更深层次的不足，即只适合于演示预先组织好的、高度结构化的数字化材料。当教师需要在幕布前一边演示材料，一边即时对其进行大量的、灵活的编辑加工时，多媒体投影系统就无能为力了。应该强调指出："预置的高度结构化和固化的多媒体与网络课程课件并不能代替在多重交互环境中灵活应对的活生生的课堂教学"[1]。在以多媒体投影系统为展示平台的环境中，教学材料过于结构化，限制了教师的思路以及师生间丰富对话的开展，这是目前大量商业课件或网络课件难以为学校一线教师在日常课堂教学中所广泛采用的原因之一。进一步而言，这类高度结构化和固化的多媒体与网络课程课件，也不利于教育资源的共享和再加工、再生产。

由此可见，多媒体投影系统不是完美地实现信息技术和日常课堂教学整合的技术方案。如何才能使教师脱离鼠标、键盘的束缚，再次站到神圣的讲台上，使信息技术与教师的个人魅力完美结合？当今的课堂教学迫切需要一种既能替代黑板，又能替代多媒体投影且克服多媒体投影的缺陷，既能方便地引入数字化信息资源，又能增强师生参与、对话和交互的教学环境，这是当前课堂信息化教学摆脱现实困境亟待解决的迫切问题。

三、课堂信息化的问题求解

上述课堂信息化教学中存在的种种问题，可从学习技术系统的角度做进一步的剖析[2]，并从中寻求问题解决的答案。

第一，在交互层面，缺乏学习者与内容的深度互动。在任何一种学习技术系统中，交互都被认为是知识获取以及认知与技能发展所必需的、基本的机制[3]。但目前课堂信息化教学过于强调教师与学生、学生与学生之间的交互，忽略了内容与学习者之间的交流这一维度。事实上，内容才是直接影响学习者知识获取和建构的依据，学习中真正的交互活动设计，应是教学系统与学习者之间实时、动态、相互的信息交流，包括学生—教师—内容三者之

---

① 丁兴富. 基础教育信息化的突破口：从校校通到班班通 [J]. 电化教育研究，2004（11）：8–12.

② 祝智庭，王佑镁，顾小清. 协同学习：面向知识时代的学习技术系统框架 [J]. 中国电化教育，2006（4）：5–9.

③ Barker P. Designing interactive learning systems [J]. Educational and Training Technology International, 1990, 27（2）：125–145.

间的深度互动①。深度互动不仅包括常规学习活动中的人际交互，还包括学习者对内容的选择、保存、编辑、重用等直接交互操作。因此，从这一点来说，需要寻求能提供这种深度互动的技术。

第二，在通信结构层面，缺乏信息聚合机制。现有的多媒体课堂教学能够有效地支持内容表现，但却缺乏对学习过程中所产生的信息进行收集处理及汇聚的机制。按照知识建构的一般规律，学习过程中所产生的信息是个体学习和集体学习的过程与结果，是维持媒体—教学信息—学习者—教育者之间的四元循环的一种内在的自组织动力。如何在通信结构方面将个人和组织的信息进行收集、汇聚、存储、共享、创新，形成组织的"集体记忆"（collective memory）②，进而创造新的集体知识，则需要通过构建新的支持个体学习和集体学习的"文化工具"来实现③。

第三，在信息加工层面，缺乏群体思维操作。现有的多媒体课堂教学更多地是由教师掌控的教学操作，学生则是被动地接受，信息流是单向的线性传播，无论是个体学习者还是学习者群体，信息加工、知识建构都只能是孤立地进行，无法将其外化为对学习者个体信息加工和群体思维操作的力量。因此，需要构建群体学习机制来改善群体和个体的学习④。

第四，在实用层面，信息、知识、行动、情感、价值缺乏有机联系。由于受传统教师中心、教材中心、课堂中心的观念影响，多媒体课堂教学极易走向冷冰的机械训练。在课堂上，信息流的传递模式一般为一对多（教师对多个学生），这种基本模式导致了教育过程的知识流的单向性，只有个别学生在很短的时间内能得到表达的机会。这也意味着课堂教学中学习者与教师的信息不对称以及地位的不对称。这种信息过程导致了灌输式的教学模式。因此，需要从技术上找到支持知情交融、合作建构、多向互动的新技术和新方法。

---

① Muirhead B, Juwah C. Interactivity in computer-mediated college and university education: a recent review of the literature [J]. Educational Technology & Society, 2004, 7 (1): 12-20.

② Johnson R T, Jhonson D W. Differences between collaborative and cooperative learning [EB/OL]. [2005-05-09]. http: //www. id. ucsb. edu/IC/Resources/Collab-L/xxx. html.

③ Tabak I. Synergy: A complement to emerging patterns of distributed scaffolding [J]. The Journal of learning sciences, 2004, 13 (3): 305-335.

④ 圣吉. 第五项修炼: 学习型组织的艺术与实务 [M]. 郭进隆，译. 上海：上海三联书店，1998：4-8，273.

　　教育技术的数字化聚合，为解决上述困境与问题带来了广阔的思维空间和更多的可供选择的技术解决方案。根据国际上最新的研究成果和实践运用，利用交互式电子白板和即时反馈教学系统，构建数字化聚合教学环境，是应对当前课堂信息化教学困境、解决所存在问题的有效途径。

第四章 理论支柱：课堂信息化教学的新视界

第一节 协同学习理论

协同学习（Synergistic Learning）理论是由祝智庭教授等新近提出的一种面向知识时代学习需求的新型学习技术系统的概念框架①。协同学习理论的主要创新观点有三：一是系统协同观，要求从整体的角度关注个体与群体在认知、情感和行动维度的发展；二是学习场域的观点，认为多场协同才能发生协同学习；三是从知识管理的视角，探讨为知识的创造和应用找到适宜的社会和技术条件以支持知识建构，注重学习、知识分享和合作。

一、协同学习理论的基本内容

（一）阐释现有学习技术系统的局限性

协同学习理论从五个方面的"缺乏"入手，阐释了现有的学习技术系统框架的局限性。

第一，在交互层面，缺乏学习者与内容的深度互动。

第二，在通信结构层面，缺乏信息聚合机制。

第三，在信息加工层面，缺乏群体思维操作。

第四，在知识建构层面，缺乏分工合作与整合工具。

第五，在实用层面，信息、知识、行动、情感、价值之间缺乏有机联系。

---

① 祝智庭，王佑镁，顾小清. 协同学习：面向知识时代的学习技术系统框架［J］. 中国电化教育，2006（4）.

现有学习技术系统框架表现出的是一种离散的思维，教育者和学习者在一种分裂的教学框架内行动，执行的是一种孤立的教学观，难以适应社会的要求。

协同学习是对现有学习技术系统框架的突破：在信息、知识、行动、情感、价值之间建立有机的、协同发展的联系；在交互层面，提供内容与学习者之间的深度互动；在通信结构层面，提供信息聚合机制；在信息加工层面，提供群体思维操作和合作建构机制。简而言之，协同学习的基本原理可归纳为"深度互动，信息汇聚，集体思维，合作建构，多场协调"。

（二）首创协同学习系统元模型

协同学习系统元模型是一种综合考虑了观念、环境、技术、模式等方面因素以获取协同学习效果的构架，也是一种整合取向的学习元模型（见图4-1）。在此框架内，学习过程体现为一种协同的信息加工及知识创建过程，其中个体与群体的信息加工及知识创建相互关联，学习的微观领域、中观领域和宏观领域被有机地连接了起来。

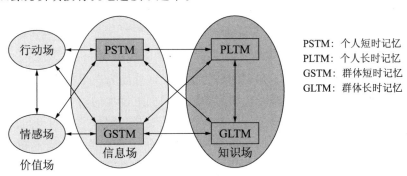

PSTM：个人短时记忆
PLTM：个人长时记忆
GSTM：群体短时记忆
GLTM：群体长时记忆

图4-1　协同学习系统（SLS）元模型

（三）揭示协同学习的多场作用空间和动力机制

协同学习系统中引入了"场"这一动力学概念，它是指以具体的认知时空为参照系，以认知主体与周围环境的认知互动关系为核心的具体所在。也就是说，在主体—客体的认知关系中，把人类的认识、实践活动等有机地结成一个大系统——"学习场"。学习场是协同学习系统结构和功能发生与发展的具体空间。而这一学习场又是由信息场、知识场、行动场、情感场和价值场多场协同作用构成的协同学习的作用空间。

构成学习场的五个作用域——信息场、知识场、行动场、情感场和价值场——的划分，源于经典的教学目标分类，即认知、动作和情感三类目标。前四种场，是经典分类中三个领域目标的衍生，而价值场则作为一种系统导向和终极追求。五个作用域既是学习的目标，又是实现目标的途径。场域的要素之间、场域之间依靠系统动力和相互作用机制，表现为自组织、关联和协同（见图4-2）。

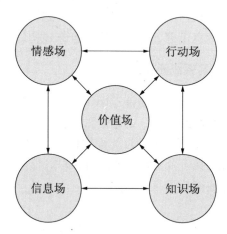

图4-2　多场协同的实用框架

　　信息场—知识场提供了知识创新的空间，情感场为学习行为的发生和维持提供了重要的驱动力来源，是作为知识协同加工过程的动力来协调整个学习过程的，而行动场则提供了行为表现、行动展开和智慧生成的空间，是学习过程的延展和迁移。价值场与集体和个人的价值、规范、道德系统相关，是主体对事物做出反应的基础，包括学习文化、社会文化、价值观等要素，表征个体和群体在学习空间中的基本取向和追求。

　　在协同学习框架中，多场协同以及个体与群体的信息加工和知识建构，构成了学习的发生机制。其理论依据如下。

　　首先，教学是一个知识、情感、行为相互作用的过程。教学活动虽然以传递认知信息为中介，却又离不开人所固有的情感和行为因素。教学既可看成"一个涉及教师和学生在理性与情绪两方面的动态的人际过程"，也可看成"与个性及社会心理现象相联系的情感力量和认知力量相互作用的动力过程"①。可以说，知情交融，在人类的教学活动中理应比在人类一切其他活动

---

① 江绍伦. 教与育的心理学［M］. 南昌：江西教育出版社，1986.

中获得更为突出而典型的体现。而由行为和活动外化而成的行动场，同样在学习过程中扮演着多重角色。人类的行为和行为活动组成了人类社会的各个领域。甚至"主体就等于它的一连串的行为"①。个体行为与集体行动在学习中是紧密联系在一起的，共同维持学习活动的发生和实践的拓展。对于行动与学习的关系，瑞文斯一语中的："没有缺乏行动的学习，也没有缺乏学习的（冷静的和审慎的）行动。"② 当代情境认知理论也表明，知与行是交互的，知识是情境化的，通过活动不断向前发展，参与实践促成了学习和理解。莱夫（J. Lave）和温格（E. Wenger）在学习的概念中强调将主动行动者、活动和世界看作相互构成的整体，学习不再被假定为只是接受知识和信息③。

其次，从个体—群体信息加工与知识建构的对象、主体和过程来看，信息场和知识场的信息与知识转换，表现为一个协同的知识创建过程，借助信息技术的支持，例如知识汇聚工具，可以对个体思维操作与群体思维操作进行信息聚合、知识构建和共享，该过程包含一个"（个体短时记忆［PSTM］－个体长时记忆［PLTM］）×（群体短时记忆［GSTM］－群体长时记忆［GLTM］）"的知识协同加工的自组织过程。

协同学习的发生机制就在于基于多场协同的以个体—群体信息加工—知识构建为核心的意义建构过程，多场协同的目标是最终实现协同学习效果，促进知识的建构。因此，应通过整合多元化资源和信息架构，建构技术协同机制，促进以内容为中介的深度互动；利用技术条件进行协同学习场的转化、生成与协同，实现信息、知识、情感、行动和价值的有机协同；重组课堂本体，充分发挥信息技术的知识聚合作用，实现个体与群体思维过程的协同。这些都是实现协同学习的基本思维路径。

（四）强调技术对协同学习的关键作用

技术是协同学习系统的关键要素。从技术层面观察可以发现，协同学习表现了一种新的知识表征、传递、衍生模式。如果没有信息技术的在场，协

---

① 黑格尔. 法哲学原理［M］. 范扬，等，译. 上海：商务印书馆，1961：126.

② 麦吉尔，贝蒂. 行动学习法［M］. 中国高级人事管理官员培训中心，译. 北京：华夏出版社，2002：153.

③ 莱夫，温格. 情景学习：合法的边缘性参与［M］. 王文静，译. 上海：华东师范大学出版社，2004.

同学习的发生是难以实现的。也就是说，信息技术的参与，为协同学习提供了可能性。

在新型的信息技术条件支持下，学生的个体信息得以即时表达，并能快速地汇聚到统一的"场"或"空间"中进行操作。实现信息场的广域（每个学生个体）多向性传播，从信息操作层次实现协同，为多个体协同学习提供保证。

二、协同学习理论的启示

协同学习理论是一种全新的应对知识时代对教学变革的挑战的学习技术系统新框架，它从协同系统观出发审视学习者个体—群体的认知、情感和行动的发展内涵，从学习场域的观点阐释协同学习的机制，并从知识管理的视角强调技术条件对协同学习的关键作用。作为新的整合技术与教学的教学范型，协同学习理论对当前的教育教学改革以及学习的革命具有深刻的指导意义。

（一）教学要关注学习者认知、情感和行为的和谐发展

传统教师中心、教材中心、课堂中心的观念，容易将充满生命活力的学习过程变成冷冰冰的机械训练，知识本位的教学观严重影响了个体的发展，背离了知识社会对人才的期望。在这种反素质教育的教学导向下，信息、知识、行动、情感和价值无法在教学主体身上得到均衡发展。因此，新的教学必须关注学习者的知、情、行协同发展。在交互层面，要关注学生—教师—内容三者之间的深度互动；在通信结构层面，要提供对学习过程中所产生的信息进行收集处理及汇聚的技术；在信息加工层面，要实现群体的思维操作与个体学习的互惠作用；在知识建构层面，要提供合适的知识建构工具，既能支持个人责任范围的局部性作业，又能支持多人作品的动态合成；在实用层面，要建立信息、知识、行动、情感和价值之间有机的、协同发展的联系。

（二）依赖技术支持个体—群体的协同内化、协同思维和协同建构

协同学习的实现离不开技术的支持。对于本研究而言，课堂信息化教学中引入交互式电子白板和即时反馈教学系统，其主旨在于：将交互式电子白板作为学习者个体和群体与学习内容深度互动、信息加工的"场"，使之取

代多媒体投影幕布，成为协同内化、协同建构、集体思维的平台和工具；引入即时反馈教学系统，从通信结构上解决信息流传递模式中的知识流单向性问题，充分尊重每个学习者的学习权和差异。这样一来，学生的个体信息得以即时表达，并能快速地汇聚到统一的"场"或"空间"中进行操作，实现信息场的广域（每个学生个体）多向性传播。从信息操作层面看，这样做有利于实现学生—内容—媒体—教师之间的多向互动，开展建构性的、体验性的和反思性的合作/协作学习，同时兼顾教学民主与效率，促进认知、情感、行动的和谐发展。

协同学习理论的核心在于强调个体与集体的知识加工问题，通过激发学习情境中的多个场域空间，并在相关通信机制的支持下进行知识加工和思维操作，从而有效地实现信息的重组、知识的聚合、智慧的生成和素质的发展。从知识管理的视角看，协同学习实质上是一个知识管理和创新的过程。一般的教学只关注知识冰山的外显部分，而对内隐部分关注甚少。同时，以往学习技术系统设计者只关注知识传播这一环节，而没有从知识管理的角度提供一条完整的知识链和协同学习场，以支持学习与知识创新。在课堂信息化教学中引入交互式电子白板和即时反馈教学系统，正是试图从技术切入，为学习者个体与集体的知识加工、思维操作、信息重组、知识聚合、智慧生成和素质发展提供实现的条件和保证。

第二节　掌握学习理论

掌握学习理论（Theory of Mastery Learning）是美国当代著名教育心理学家和课程论专家本杰明 S. 布卢姆（Benjamin S. Bloom, 1913—1999）提出的学校课堂学习理论，集中反映了布卢姆基本的教育思想和理论观点。

一、掌握学习理论的提出

20 世纪 70 年代，布卢姆针对美国教育制度中只注意培养少数尖子学生，而忽视甚至牺牲大多数学生发展的弊端，提出了"掌握学习"的新学生观。他指出：现代教育不能只面对少数学生，而应该面对全体学生，让绝大多数学生都能学好。为此，布卢姆以其教育目标分类学为理论基础，以学生学习的诊断性评价、形成性评价和终结性评价为手段，创立了独具特色的掌握学习理论。

1980 年布卢姆出版了著作《每个孩子都能学习》（*All Our Children Learning*）①，为其掌握学习理论搭建了理论框架，构建了较为完善的体系和内容。

布卢姆掌握学习理论的提出既有其现实背景，又有其理论背景。其现实背景如下。第一，20 世纪 40 年代末—50 年代，美国教育思想界强调培养学生运用知识解决问题的能力，引发了对考试内容和形式改革的广泛思考，导致了教学内容和教学方法的相应转变。布卢姆抓住考试这一关键环节，进行了卓有成效的教育改革研究。第二，杜威式实用主义的"儿童中心"教学思想，忽视系统科学知识的传授，造成教学质量的普遍下降，而结构主义教学又未能解决这一严峻的问题，从而导致了 60 年代席卷全美的"回复基础教育"运动。第三，20 世纪 70 年代，美国教育制度把选拔优秀学生接受高等教育作为主要目标，只注意培养少数尖子学生，忽视大多数学生，导致教育不能适应社会经济、文化和科技的迅猛发展。其理论背景是，第二次世界大战以后，在第三次科技革命的推动下，教育改革的呼声越来越高，现代教育教学理论纷纷出台，形成了众多流派。其共同的特点主要表现在五个方面：第一，改革教学内容，对教学内容进行优选；第二，在课堂教学中，把传授文化知识与培养学生能力有机结合起来；第三，强调以学生为主体，以教师为主导，以学为主，以教为辅；第四，注意培养和激发学生的学习兴趣；第五，注意培养学生的创造力。

布卢姆详细分析和总结了卡罗尔（J. B. Carroll）的假说②、布鲁纳的认知结构学说、莫里森（H. C. Morrison）的矫正理论③、斯金纳的程序化教学设计理论等许多心理学家和教育家的研究成果，取众家之长，认真加以提炼和改造，并与自己的教育教学实践和实验研究相结合，找到了解决问题的方法、原则和规律，形成了自己独特的教育理论——掌握学习理论。

二、掌握学习理论的基本内容

（一）揭示影响学习者学习结果的学习条件

布卢姆深信："如果学校提供了适当的学习条件，几乎所有的人都能学

---

① Bloom B S. All our children learning: a primer for parents, teachers, and other educators [M]. New York: McGraw-Hill, 1980.

② Carroll J B. A model of school learning [J]. Teachers College Record, 1963, 64: 723–733.

③ Morrison H C. The practice of teaching in the secondary school [M]. Chicago: University of Chicago Press.

会一个人在世上所能学会的东西。"他指出："如果按规律有条不紊地进行教学，如果在学生面临学习困难的时候和地方给予帮助，如果为学生提供足够的时间以便掌握，如果对掌握规定明确的标准，那么所有学生事实上都能够学得很好，大多数学生在学习能力、学习速度和进步的学习动机方面就会变得十分相似。"布卢姆认为只要对下列三个自变量予以适当注意，就有可能使绝大多数学生的学习都达到掌握水平。

1. 认知准备状态

认知准备状态是指学生已经习得完成新的学习任务所必备的知识技能的程度。

2. 情感准备状态

情感准备状态是指学生从事学习过程的动机程度。在布卢姆看来，学生对某一学习任务的情感准备状态，决定了学生为完成该学习任务准备付出必要的努力的程度，同时还部分决定了学生在遇到困难和挫折时试图克服它们的程度。

3. 教学质量

教学适合于学生的程度即教学质量。卡罗尔对教学质量的定义是：学习任务各要素的呈现、解释和排列秩序对学生均臻最佳程度。这个定义隐含着这样的假设：如果教学对学生达到最佳程度，则每个学生都能学会所教的内容。布卢姆认为，教学质量的要义在于如何向学生提供线索或指导；学生参与（外显地或内隐地）学习活动的程度；如何给予强化以吸引学生学习。目前学校中的教学都采取班级集体教学，学生经常会出现差错和困难，因此，回馈—矫正系统是必需的。这样，教学的四个要素就是：线索、参与、强化和回馈—矫正。

线索。任何教学都涉及教学内容以及告诉学生如何学习的线索。线索是指关于要学生学习什么以及在学习过程中做些什么的指导。布卢姆认为线索的形式（例如，言语形式、模型或演示等）和线索的强度（线索引起学生注意和感知的刺激强度）会影响学生的理解力。长期以来，教育家们往往把主要的注意力放在寻找一种最佳的线索呈现形式上，但近年来，越来越多的人认识到，可以用各种形式来呈现线索，学生也可以用各种形式来学习。

参与。学生必须根据教学线索的提示来学习和记忆某些内容，根据线索的规定做出适当的反应或练习，亦即学生必须积极投入或参与学习活动（不论是外显的还是内隐的）。

强化。强化在教与学过程中的作用已为大家所公认。布卢姆认为教师所使用的强化的类型、频率以及给班级中不同学生的强化次数应是不同的。

反馈—矫正。布卢姆认为，在班级课堂教学情况下，教学的对象是几十个学生，即便教师使用最佳的线索，给予最好的参与机会和强化，也不可能对所有学生产生同样的效果，总会有一些学生在学习过程中出现困难和差错，这就需要及时给学生以反馈，告知学生如何矫正错误。所谓矫正，就是指为学生提供的有关他们还需要复习哪些教学内容的建议，该建议需要通过反馈的方法或手段来进一步做出，一般是根据每一学习任务结束时的形成性评价测验的结果做出判断。

布卢姆认为，上述三个自变量将决定学习结果的性质。如果这三个自变量是适宜的，所有学生的学习结果都会处于高水平（见图4-3）。教学理论就是要解释学生特征（认知的和情感的）、教学质量、教学内容与学习结果之间的相互作用，从而揭示学习结果出现差异的原因，进而消除这种差异。

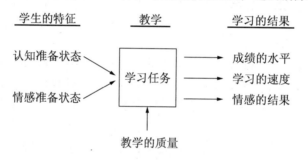

图4-3 学习结果的变量关系

根据多年的研究，布卢姆推断，认知准备状态能说明学生成绩变化的50%，情感准备状态能说明相关学科认知测验成绩变化的25%，而教学质量一般能说明学生成绩变化的25%。由于学生情感准备状态与他们的认知准备状态相关，因此两者对学生成绩变化的解释力相加不等于75%，而相当于65%左右。此外，由于教学质量与学生的认知和情感准备状态也有关联，因此三者相加约等于90%。其他因素诸如教师的特征、班级、学校特征等，能解释余下的10%的学生成绩变化。

（二）提出掌握学习的变量公式

布卢姆的掌握学习理论借鉴了卡罗尔的学习模式。卡罗尔认为，学习程度是学生实际用于某一学习任务的时间量与掌握该学习任务所需的时间量的

函数，即

$$学习程度 =f\left(\frac{实际用于学习的时间量}{需要学习的时间量}\right)$$

实际用于学习的时间量由三个变量组成：（1）机会，即允许学习的时间；（2）毅力，即学生愿意积极从事学习的时间；（3）能力倾向，即在理想条件下掌握该任务所需要的时间（这是因教学质量和学生理解教学的能力而变化的）。

需要的时间量也由三个变量组成：（1）教学质量；（2）学生理解教学的能力；（3）能力倾向，即学生在适应教学质量、理解教学之后从事学习所需的时间。由此可见，教师与学生都能够影响分母的大小。这样，可以把前面的公式转化为下列公式：

$$学习程度 =f\left(\frac{允许学习的时间；毅力；能力倾向}{教学质量；理解教学的能力；能力倾向}\right)$$

1. 允许学习的时间

布卢姆和卡罗尔都认为，学生要达到掌握水平，关键在于花在学习上的时间量。学习速度的快慢是由能力倾向决定的，但如果学生把所需要的时数都用于学习，而且有足够的时间去学习，绝大多数学生都能达到掌握水平。教师的任务一方面是要找到改变某些学生所需要的学习时间，另一方面是要找到为每个学生提供所需要的时间的途径。当然，学生掌握某门学科所需要的时间，是受其他变量影响的。

2. 毅力

布卢姆和卡罗尔对毅力的解释与众不同，他们把毅力定义为：学生愿意花在学习上的时间。如果学生需要花一定的时间才能掌握某门学科，但他花在积极学习上的时间少于需要的时间，那么他就不可能达到掌握水平，所以，布卢姆等人试图把学生花在学习上的时间与学生积极学习的时间区别开来。

布卢姆认为，学生的毅力是同学习的态度和兴趣联系在一起的。如果学生有兴趣、受到奖励，则学生很可能对该学习任务花更多的时间。相反，如果学生在学习上受到挫折，他必然会减少用于学习的时间，甚至会放弃该任务的学习。因此，布卢姆强调指出，重要的是通过提高教学质量来减少学生掌握某一学习任务所需要的毅力的量，而不是通过各种手段使学生增强学习的毅力。我们没有什么理由要把学习弄得很难，学生非要有坚韧不拔的毅力才能掌握。因此，毅力本身并没什么大的优点，教学的艺术在于使学生花适当的时间就能掌握教学内容。

3. 能力倾向

布卢姆承认学生的能力倾向确实存在差异，而且这种差异与学习的结果（尤其是学习的速度）有关，但布卢姆和卡罗尔对能力倾向的定义也是独树一帜的：能力倾向是学生掌握学习任务所需要的时间量，因此，只要有足够的时间，所有学生都能掌握学习任务。这就是说，能力倾向只是学习速度的预兆，而不是学生可能达到的学习水平的预兆。掌握学习策略的一个基本问题就在于寻找各种途径，设法减少学习较慢的学生所需要的时间量。

4. 教学质量

前文已对教学质量有过较详细的分析。布卢姆和卡罗尔把教学质量定义为：教学内容各要素的呈现、解释和排列秩序对学生均臻最佳程度。因此，如果每个学生都有一个很好的个别辅导教师，那么他们大都能掌握该学科。

5. 理解教学的能力

布卢姆和卡罗尔对理解教学的能力所下的定义是：学生理解学习任务的性质和他在学习该任务时所要遵循的程序的能力。

布卢姆认为，只有改进教学以适应每个学生的需要，才可能会有助于学生对教学的理解。如果给教师提供些帮助和辅助手段，那么每个教师都能够找到改进教学以满足学生不同需要的途径。

（三）形成掌握学习的基本策略

布卢姆认为，掌握学习有许多可供选择的策略，每种策略必包括能够处理上述几种变量的某种途径。布卢姆等人在形成学生的掌握学习时，采取了三个步骤：阐明学习所必需的先决条件；研制实施的程序；评价这种策略对教师与学生所产生的结果。

1. 先决条件

为了形成学生掌握学习的环境，教师在学生达到掌握学习的水平时必须能够加以识别，必须能够界说"掌握"意味着什么，必须能够收集必要的证据以确定学生是否已达到掌握学习的要求。对教学目标和教学内容的详细说明，是让教师和学生双方都知道预期目标的一个先决条件。把这些详细说明转化成评价的程序，有助于进一步弄清学生在完成这门课时应该达到什么标准。布卢姆提倡制定绝对标准（根据学生实际水平和常模来评定学生），而不是根据相对标准（根据学生在班上的相对水平）来评定学生的等第。布卢姆认为，这种制定成绩标准的方式，其结果是促进学生相互合作、相互帮助，不用担心别的同学会影响自己的成绩等第（如果已经掌握了学习内容的话），所有人都可能得到最高的等第。

2. 实施程序

掌握学习的一个核心问题，是要为教师和学生提供详细的反馈，使教与学过程中一旦出现差错马上就能把它们揭示出来，并提供师生所需的具体的补充材料以矫正差错，因此，反馈通常采用诊断式的形成性测验的方式。形成性测验不仅可以了解学生哪些部分尚未掌握，以便及时矫正，而且对于已经掌握该任务的学生而言，可以发挥强化学习的作用，减少学生对学习成绩的焦虑。

3. 掌握学习的结果

布卢姆认为，可以从掌握学习的认知结果和情感结果两个方面对胜任的学习者进行分析。

综合以上策略，掌握学习的教学过程及要素可以概括为图4-4①。

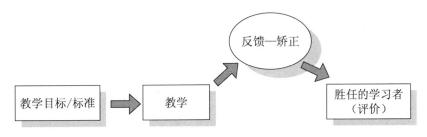

图4-4　掌握学习的教学过程及要素

三、掌握学习理论的特点②

（一）全新学生观的思维转向

传统的学生观，因袭所谓"两头小中间大"的哲学认识模式，长期以来

---

① Guskey T R. Formative classroom assessment and Benjamin S. Bloom：theory，research，and implications：paper presented at the Annual Meeting of the American Educational Research Association，Montreal，Canada，April 2005 ［C/OL］．［2005-12-13］. http：//www. eric. ed. gov/ERICDocs/data/ericdocs2/content_ storage_ 01/0000000b/80/31/bb/33. pdf.

② 本部分参见：张春玲. 对布卢姆掌握学习理论的再认识［J］. 洛阳师范学院学报，2001（1）：80-82.

形成了智力的正态分布概念：大多数人智力中等，一部分人超常，一部分人低能。于是，在教学上衍生出了成绩的正态分布：大多数学生成绩属中等，一部分学生获得高分，一部分学生则一定不及格（通常比例为 5 %）。而这又对教师的态度、情感产生微妙的影响：教学如能达到此种目标，则表明教学成功和质量稳定。进而导致许多教师在教学开始之前就有了一个心理定式，认为"大约有三分之一的学生将完全学会所教的事物，三分之一的学生将不及格或勉强及格，另外三分之一的学生将学会所教的许多事物，但还算不上是'好学生'"。布卢姆指出，这种想法"是当今教育系统中最浪费、最具有破坏性的一面。它压抑了师生的抱负水平，也削弱了学生的学习动机"①。这就造成了事实上的机会不均等。

布卢姆进一步指出："正态曲线并不是什么神圣的东西。……如果我们的教学有成效的话，成绩的分布应当与正态曲线很不相同。事实上我们甚至可以断言：成绩的分布接近正态分布，说明我们的教育努力是不成功的。"②据此，布卢姆要求教育者彻底改变这种极其错误的学生观，确立他所谓的"新学生观"，即"凡是一个人能够掌握的东西，几乎人人都能学会"。

布卢姆这一全新学生观的提出，从理论上把"为大多人而教"的理念提到一个新的高度，使得"让 95 %以上的学生达到掌握水平"成为教学活动所追求的新目标。

（二）应用以"反馈—矫正"为核心的评价系统

应用"反馈—矫正"系统是掌握学习理论的一大特点。布卢姆非常重视反馈在教学中的作用，由于反馈信息主要是通过评价发出的，因此应保证教学评价贯穿于整个教学过程的始终。许多个世纪以来，教育评价的功能一直被认为是选拔性的。在当代，教育界普遍且长期存在一种固执而可怕的偏见：教育是一整套的学习任务，这一任务随学生的年级升高而越来越难。这种偏见进一步导致下列结果："在 100 个接受正规教育的学生中，只有约 10 %的学生被认为是由于天资或教养而能适合高等教育的严格要求，教育工作者对在教育体系不同阶段遭淘汰的 90 %的学生兴趣极微。"于是，教育评价的选拔功能被不恰当地使用，教学评价的结果则变成了一种划分等级的制度，它们被用来区分失败（成绩差）的、成功（成绩好）的以及过得去

①② 布卢姆. 教育评价 [M]. 邱渊，等，译. 上海：华东师范大学出版社，1987：71.

（成绩中等）的学生。

布卢姆认为，这种以分等为目的的评价办法给学生的心理、情绪带来非常深刻的影响，对于改进教学作用甚微，而且难以确保所有学生去学会那些在学校看来最为重要的任务。对此，布卢姆曾质问："教育的功能：挑选还是发展？"他指出："学校的中心任务是发展能使学生在一个复杂社会中有效地生活的那些特性。其基本假设是：通过教育手段能够发展英才；学校的主要资源应当用于增进每个人的工作能力，而不是用于预测或选拔英才。"① 布卢姆的这些观点使传统的教育评价观焕然一新。

布卢姆进一步强调对学生进行评价的依据是其在终结性测验中是否达到预定的标准，而不是看其在班上所处的名次。他从教学过程需要出发，把教育评价划分为诊断性评价、形成性评价和终结性评价三大类。三者分别适用于教学过程的不同阶段，而不同阶段的要求和目的各不相同。布卢姆认为：应从认知、情感、动作技能等领域对学习者进行诊断性评价，以便在学习前了解学习者的身心准备状况，把学习者分置在最有益的学习序列中，使教学适合学习者的需要和背景，做到因材施教；进行形成性评价，以便在学习过程中及时发现和诊断问题，提供信息，改变教与学的活动；进行终结性评价，以便确定学习的最终水平，显示鉴定、认可、分等、证明等功能。可见，这种学习观关注的是一种积极、全面的学习评价。

第三节　系统科学原理

系统科学是以系统思想为中心的一类新兴的科学群，是关于"整体"的一般科学，也是20世纪中叶以来发展最快的一大类综合性科学。系统科学是分别在不同的学科领域中诞生与发展起来的，这些原本独立形成的科学理论互相渗透，紧密联系，最后形成一个统一而严密的科学体系。

系统思想从一种哲学思想发展成为一种具有定性与定量形式的自然科学理论，是在20世纪。系统理论是20世纪40年代末兴起的一门综合性科学，它包含了一组相关的学科群：一般系统论、控制论、信息论、突变论、耗散结构理论、协同论、超循环理论等。它为人们提供了一套崭新的科学思维模式，优化工作方法与定性、定量的数学工具，从而极大地增强了人类认识自

---

① 布卢姆. 教育评价［M］. 邱渊，等，译. 上海：华东师范大学出版社，1987：71.

然与改造自然的能力，使人们对复杂系统的研究、控制变为可能。它也推进了科学技术进步和生产力的发展，促进了信息时代的来临以及自然与社会科学两大领域的交流。它具有强烈的方法论性质与横向科学的色彩，在研究复杂系统与促进多学科相互结合上有其公认的特殊地位，因而也被称为改变了当代世界科学图景与当代科学思维方式的新兴科学。

我们遵照钱学森教授的意见，突出"系统科学"，不强调"控制论、信息论、系统论"这"三论"，而是只强调一论——"系统论"，并把耗散结构理论、协同论、超循环论（三者可统称为自组织理论）都包括在"系统科学"之中。本节撷取系统科学理论中的主要原理加以介绍，以管窥系统科学思想的全貌。

一、反馈原理

（一）反馈原理的基本内涵

系统科学的反馈原理是指任何系统只有通过反馈信息，才能实现对系统的控制，从而达到系统优化的目的。没有反馈信息的系统，要实现有效的控制从而达到目的是不可能的。反馈就是把系统的输出反过来作用在系统的输入端，从而对输入产生影响的过程（见图4-5）。

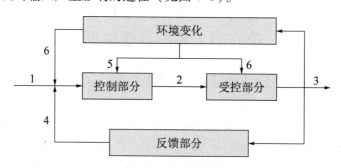

图4-5　反馈原理

注：1. 输入信息；2. 控制信息；3. 输出信息；4. 反馈信息；5. 干扰信息；6. 前馈信息。

任何系统只有通过反馈信息，才可能实现有效的控制，从而达到目的。反馈又分为负反馈和正反馈。负反馈能维持系统的稳态，是可控的，它是反馈信息的作用与控制信息的作用相一致的结果。正反馈使系统偏离某一目标越来越远，是反馈信息的作用与控制作用的信息不一致的结果，如果我们的目的是破坏系统旧的结构，以便建立新的结构，那么就需要通过正反馈去达到这种目的。

（二）反馈原理对教育教学的意义

维纳曾得出过一个结论："一切有目的的行为皆可视为需要负反馈的行为。"① 人的行为（包括外显行为和内隐活动，如思维和符号行为）都是可以认识的。在特定的环境和条件下，人可以根据反馈信息来调节自己的行为。

反馈原理在教育教学中有着普遍的指导意义，并在多项教学实验研究中展现了自身的效力。例如，在程序教学和机器教学中，普莱西（S. L. Pressey）、斯金纳（B. F. Skinner）等人把"信息的及时反馈"作为一条重要的原则。西蒙（H. Simon）在讲授《认知心理学》时指出："只有当学习者知道学习的结果如何时，才能发生学习。"

罗斯（C. C. Ross）与亨利（L. K. Henry）的实验有力地证明了反馈对学习者学习绩效产生的显著影响②。在该实验中，研究者把一班学生分为三组，每天学习后进行测验。对第一组每日告知其学习结果，对第二组每周告知其学习结果，而对第三组则无此报告，即不给反馈信息。如此进行八周，三个组学生的学习成绩差别十分明显：第一组最好，第二组中等，第三组最差。八周以后改变办法：第一组不告之结果，即不给反馈信息，第二组仍每周告之学习结果，第三组改为每日告知学习结果，再进行八周。这之后的八周三组学习成绩对比情况出现了大逆转：第一组从最好下降为最差，第二组保持不变，第三组则由最差上升为最好。这一实验表明："反馈在学习上效果显著，尤以每日的反馈较之每周的反馈，效率更高。"因此，在教学实践中，对学生来说，学习者本身就是一个自控反馈系统。一方面学习者可以通过反馈，使自己的学习活动始终指向特定的学习目标和保持既定的学习方向；另一方面学习者还可以通过反馈，进行不断的比较和检测，调整自己的学习，纠正错误以保证学习目标的实现。对教师来说，反馈可使教师掌握情况，预先知道学生在什么地方容易出错，或者根据前一阶段的学习预测后一阶段的学习可能出问题的地方，从而有针对性地给予反馈信息，改进教法，找出差距，提高质量。所有这一切，都需要建立健全完善的教学反馈系统，及时获

---

① 维纳. 控制论［M］. 2 版. 郝季仁，译. 北京：科学出版社，1985.
② 张德琇. 教育心理研究［M］. 北京：教育科学出版社，1981.

得灵敏、准确的反馈信息才能得以实现。

二、有序原理

（一）有序原理的基本内涵

系统由较低级的结构转变为较高级的结构，称为有序；系统由较高级的结构转变为较低级的结构，称为无序。例如，生物的进化，由简单到复杂，由低级到高级，就是从无序到有序。在进化过程中，生物系统离不开与自然环境之间的物质、能量、信息的交换。所以，生物系统必然是开放系统。人脑的进步，由简单到复杂，由低级到高级，也是从无序到有序。在这一进步过程中，人体系统离不开与自然环境、社会环境之间的物质、能量、信息的交换。所以，人体系统、思维系统也必须是开放系统，否则，就不能进化，不能进步。

所谓有序原理是指：任何系统只有开放，与外界有信息交换，才可能有序；对于与外界无信息交换的封闭系统，要使之有序是不可能的。

维纳指出："信息是一个可以看作几率的量的对数的负数，它实质上就是负熵。"波尔兹曼也曾指出："熵是一个系统失去了的'信息'的度量。"所以，一个系统所含的信息量越大，熵就越小，这个系统的有序程度也就越高。反之，一个系统的信息量越小，熵就越大，这个系统的无序程度也就越高。因此，不断获得信息，是系统有序的必要条件。可见，有序原理实质上是进化原理，这一原理把物理系统与生物系统的发展规律统一了起来[①]。

（二）有序原理在方法论上的启示

有序原理把外界对系统的影响归结为"输入"，把系统对外界的影响归结为"输出"。完全不"输入"或完全不"输出"的封闭系统，是不能正常运转和发展的。有序原理对我们最大的启示就是：应当自觉地、主动地把自己作为一个开放系统，尽量争取与外界交换物质、能量和有用的信息，从而取得较大的进步。

对于课堂教学系统而言，教学过程就是促使学习者在知、情、意、行方面从无序走向有序，从低级走向高级的过程，它使大脑有关部分储存的信息

---

① 李金松．系统论、信息论、控制论与教育改革［M］．武汉：湖北教育出版社，1989：168-180．

联系起来，组成更复杂的结构，从而更加有序。孔子曾说过："学而不思则罔，思而不学则殆。"其实就是说："学习不经过思考就理不出头绪，不能有序；思考而不学习，盲目乱想，也不能有序。"学生参与，双向沟通，就是要求教师在教学中谨记"学生是学习的主体，教师是学习的主导"，善于把多种信息资源转换成学习者最适宜的刺激方式，激活学习者已有的认知、情感信息，生成合理的知识结构，使学习者由简单到复杂、由低级到高级，主动学习，善于学习，不断发展。

三、整体原理

（一）整体原理的基本内涵

任何系统都是一个有结构的整体，系统是由若干相互联系、相互作用的要素构成的整体。但在功能上，整体的功能并不等于各部分功能的总和。任何系统的整体功能等于各部分功能的总和加上各部分相互联系形成结构所产生的功能。系统的结构决定系统的功能，结构变了，必然导致系统功能的变化。这一理论本质上正如亚里士多德所言：整体大于各孤立部分的总和。

整体原理要求人们在研究问题时牢固树立全局、整体的观念，不仅要注意发挥系统中各部分的功能，更重要的是注意发挥各部分相互联系形成结构的功能，否则就会犯片面性和表面性错误。

（二）整体原理对教学的启示

按照整体原理的要求优化课堂教学，应重视从教学整体着手进行系统分析，综合考虑课堂教学过程中的各个要素，包括教学目标的确定、教学内容的组织、教学方法的选择、教学技术的优化，并注意各要素之间的配合、协调，发挥系统的整体功能，才能达到优化的目标，实现教学效果的最优化。

基于对上述系统科学三原理基本内涵的理解，就课堂教学领域而言，可以形成这样的认识：课堂教学活动是一个由教师、学生、内容、方法、目标、过程、评价、环境等要素构成的有机整体，其系统的功能在于促进学生的发展；教学在本质上是信息的传递与处理加工的过程，其中知识信息的传递过程是最主要的部分；根据控制论的观点，获取反馈信息进行调控是系统优化的重要条件，因此，取得反馈信息极为重要。亦即在课堂活动进行过程中，必须根据课堂的情况，特别是学生的学习掌握情况做相应的调控，使教学系统各要素有序整合，最优化地实现课堂教学的目标。

第四节　学习环境的设计理念

人们的行为受制于个人特征和所处环境之间的相互作用，因此，学习环境一直是教育领域中广受关注的研究课题。面对知识时代的发展，人才素质需求的变化，传统的学习环境正在经历急速的变革。20 世纪 90 年代以后，世界教育改革越来越关注学习环境的相关研究和策略，例如美国在《面向学生的国家教育技术标准——课程与技术整合》[①] 一书的开篇就指出，"我们必须创造新的学习环境，为支持学生的发展服务"[②]。国内外学者针对如何理解和定义学习环境做了许多探讨和研究，尽管目前还没有一个广为认可的明确的定义，但学者们一致认同学习环境对学习者的学习成效有显著的影响，对学习者的成长和发展至关重要。因此，创设有效的学习环境，为学生的发展服务，是促使学习者有效学习、成长发展的前提条件和重要保证。

一、学习环境的基本含义

当前，国内外学者从多种角度来理解和定义学习环境，归纳起来主要有以下几种观点。

（一）学习环境是一种学习空间或学习场所

此观点的代表性人物是美国学者布伦特 G. 威尔逊（Brent G. Wilson），他在《教学的隐喻：我们为何谈论学习环境》（Metaphors for Instruction：Why We Talk about Learning Environments）一文中提出，理想的学习环境是指学习

---

① 美国 2000 年颁布了《面向学生的国家教育技术标准——课程与技术整合》（National Educational Technology Standards For Standards—Connecting Curriculum and Technology），该标准的编制和修订是由国际教育技术协会（International Society for Technology in Education，ISTE）《国家教育技术标准》项目组在 1994—1998 年完成的。由祝智庭教授等主译的该标准的中文版于 2002 年 9 月在我国出版。该标准概述了信息技术在教育中应用的必要性、紧迫性、正确策略、方法与途径，并且说明该标准旨在给教师、技术策划者、教师职前培训机构和教育决策者提供框架、标准、绩效指标，以引导他们建立以技术为支撑的学习环境。

② 国际教育技术协会《国家教育技术标准》项目组. 面向学生的美国国家教育技术标准：课程与技术整合［M］. 祝智庭，刘雍潜，黎加厚，主译. 北京：中央广播电视大学出版社，2002：3.

者可以利用资源生成意义并且解决问题的场所或空间（Place or Space）①。学习是通过培养和支持的方式展开的，学习环境给予学习者极大的主体表现空间。他还主张在学习环境之前加上"建构主义"作为定语。他对建构主义学习环境做了如下规定：学习者共同工作、相互支持的场所；学习者使用多样化的学习工具和信息资源；学习者为实现学习目标而努力，通常是基于问题解决的活动。

祝智庭教授认为，学习环境是学习者可以在其中进行自由探索和自主学习的场所②。在这种学习环境中，学生可以利用各种工具和信息资源（如文字材料、书籍、音像资料、CAI 与多媒体课件以及互联网上的信息等）来达到自己的学习目标。在这一过程中，学生不仅能得到教师的帮助与支持，而且学生之间也可以相互协作/支持。该定义与威尔逊的理解相一致，但对资源、支持的理解更为广泛，尤其强调学习者"自己的"目标，反映了学习者在这种环境中的学习责任感和所有权。

（二）学习环境是由多种因素构成的支持学习者的学习条件

美国学者托马斯·布拉什（Thomas Brush）和约翰·塞伊（John Saye）通过案例研究发现，需要设计支持性的学习环境③。这种环境包括一系列的技术资源，如计算机数据库、数据收集与分析工具或基于互联网的资源。同时，增进学习环境支持性的主要方式是设计对学习者有益的"支架"，为学习者发挥主体性提供充裕的机会和支持性的条件。

我国学者何克抗认为，学习环境是学习资源和人际关系的组合④。学习资源包括学习材料（信息）、帮助学习者学习的认知工具（获取、加工、保存信息的工具）、学习空间（比如教室或虚拟网上学校）等。人际关系包括学生之间的人际交往和师生间的人际交往。至于怎样组合，则关涉学习环境的设计问题。陈琦认为，学习环境是指在学习过程中可能与学习者发生相互作用的周遭因素及其组合，包括学习者可能要利用的内容资源、技术工具，

---

① Wilson B. Metaphors for instruction：why we talk about learning environments［J］. Educational Technology，1995，35（5）：25-30.

② 祝智庭，钟志贤. 现代教育技术：促进多元智能发展［M］. 上海：华东师范大学出版社，2003：170.

③ Thomas B, Saye J. Implementation and evaluation of a student-centered learning unit：a case study［J/OL］. ETR&D，2000，48（3）：79［2004-12-22］. http：//www. springerlink. com/content/74727047515n547k/fulltext. pdf.

④ 何克抗，李文光. 教育技术学［M］. 北京：北京师范大学出版社，2002：187.

可能会发生交往关系的人，如教师、同学等，也包括作为学习活动的一般背景的物理情境和社会心理情境①。该定义将社会心理情境纳入学习环境中，扩大了学习环境认识的维度。

上述学者的观点表明，学习环境的构成要素主要是技术资源、工具和人。

（三）学习环境所支持的通常是以学习为中心的学习方式

国内外学者大多认为，为了促进学习者的发展，学习环境的创设应当以学习为中心，支持学习者的学习。由于学习者的发展存在多种层次和多元化的需求，因此必须整合多种利于学习的条件和力量，如各种资源、工具、教师的支持、心理环境等。各要素不断互动，形成合力，才有助于促进学习者发展。

基于上述理解，可以形成学习环境的基本内涵：所谓学习环境，是指促进学习者发展的各种支持性条件的统合。"促进学习者发展"规定了学习环境存在/创设的指向或意义；"各种支持性条件"包括各种资源、工具、人、活动、人际关系等要件；"统合"说明了围绕学习者发展，将各种支持性条件加以统整的可能性和必要性②。

二、学习环境的设计

（一）学习环境设计的理论基础

构成学习环境的要素是统合的，这种统合决定了学习环境设计的复杂性，决定了其理论视野的多元性。多元理论给学习环境的设计提供了多种视点，丰富了学习环境设计的思维视野、完整性和实际操作性。一般说来，任何学习环境设计的审视都离不开五大理论视角：心理学的视角、教育学的视角、技术的视角、文化的视角和实用主义视角③。每一种理论视角都为审视学习环境设计问题提供了独特的视野，都蕴含着相应的学习环境设计理念。

---

① 陈琦，张建伟. 信息时代的整合性学习模型：信息技术整合于教学的生态观诠释 ［J］. 北京大学教育评论，2003（3）.

② 钟志贤. 面向知识时代的教学设计框架：促进学习者发展 ［D］. 上海：华东师范大学，2004.

③ Hannafin M, Hannafin K, Land S, Oliver K. Grounded practice and the design of constructivist learning environments ［J］. ETR&D, 1997, 45.（3）: 102–105.

它们相互关联，共同构成了学习环境设计理论的整体视野。

1. 心理学的视角

一般指的是学习心理学视角。学习心理学揭示了关于学习者如何思维和学习的一系列理念。尽管不同的学习心理学理论存在不同的设计倾向和表现，但是学习心理学一直以来都是学习环境设计的重要基础，因为学习观直接决定教学观。当前，正在兴起和发展的学习环境设计的心理学基础是建构主义和情境认知理论。

2. 教育学的视角

教育学特别是教学理论主要关注如何表现要学习的内容/领域，如何为学习者的学习提供恰当的支持，即需要提供不同的教学活动模式（方法和策略、学习内容的组织方式等）对学习者予以支持。

3. 技术的视角

在学习环境中，技术包括传统技术和信息技术。随着信息社会的迅猛发展及其对教育、教学和学习影响的扩展，学习环境设计越来越需要考虑信息技术的作用，技术正在成为信息技术的缩略语和代名词，成为学习环境设计的核心术语和重要标志。"用技术学习"（Learn with Technology）能更有效地为创建技术丰富的主体性学习环境服务。

4. 文化的视角

任何教学活动都处在一定的文化背景之中，文化对学习环境设计的影响，主要是通过定义某种特定学习情境的背景价值来实现的。随着信息技术的发展，以技术和信息为基础的教育/学习文化既是学习者的学习环境，又是学习者的学习内容。因此，应当从文化的角度来考虑学习环境的设计。

5. 实用主义的视角

实用主义的或实用的视角，考虑的是学习环境设计的实践操作问题，亦即主要关注不同学习环境设计选择在实践中"可以实施的程度"。

将上述学习环境设计的多元视角综合起来可以发现，情境认知理论、活动理论和认知分布理论构成了学习环境设计的理论基础，为分析和设计学习环境提供了非常有益的理论框架。这些理论以建构主义学习理论为基调，有共同的社会—文化心理学的源流；强调以学习者为中心，关注学习者高阶能力的发展；注重学习者的活动，重视活动的过程；重视学习共同体，强调知识的社会性建构；强调各种制品，特别是信息技术的作用/应用。它们构成了建构主义倾向的学习环境设计假设。

（二）学习环境设计的目的

学习环境设计的目的在于促进学习者发展。学习者发展的方向可以从素质教育、多元智能、新课程改革和知识时代对人才素质的要求等方面来考察。从学习理论的研究来看，学习者只有投入有意义的学习（Meaningful Learning）之中①，才能实现真正的发展。因此，学习环境的设计应当为学习者有意义的学习创设支持性的条件。有意义的学习是学习环境设计的价值追求、标准参照或指南，也是各种学习环境因素特别是信息技术整合的目标或效果的评价标准。有意义的学习具有主动（积极/自觉）、建构（阐释/反思）、目的性（反思/调节）、真实（复杂/情境化）、合作（协作/交流）等特质，学习环境的设计应当最大限度地创设、引发和整合主动的、建构的、目的性的、真实的及协作的学习情境，自觉地将有意义学习的整体特性作为学习环境设计的参照标准。

（三）学习环境设计的框架模型

学习环境的设计旨在支持学习者的有意义学习，在学习环境的设计中，应有意识地融合有意义学习的五个特性，形成支持学习者有意义学习的合力，并在支持学习者开展有意义的学习过程中促进学习者的发展。由此，可以构建学习环境设计的框架模型（见图4-6）。

钟志贤教授提出了学习环境设计的一种可能的实践框架②，该框架以情境认知、活动理论和分布式认知相融合的学习环境设计理论框架为基础，以信息技术支持为显著特征，以改革学生学习方式为着力点，强调以学习者为中心，关注教师与学习者之间的角色转型、关系重构、积极互动和共同发展，倡导基于资源的学习、基于问题的学习、基于项目的学习、基于案例的学习、计算机支持的协作学习/计算机支持的有目的的学习环境（CSCL/CSILE）等以学习者为中心的学习模式，具有明显的建构主义学习环境设计的倾向。

祝智庭教授从教学系统设计方法论角度阐明了信息化教学设计的原理，

---

① Jonassen D, Peck K, Wilson B. Learning with technology: a constructivist perspective [M]. Prentice Hall, 1999: 8.

② 钟志贤. 面向知识时代的教学设计框架：促进学习者发展 [D]. 上海：华东师范大学, 2004.

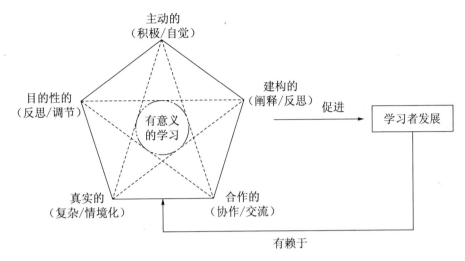

图4-6 学习环境设计的框架模型

将学习环境设计作为信息化教学设计的主要内容，强调以学为中心，注重学习者学习能力的培养，充分利用各种信息资源来支持学，以"任务驱动"和"问题解决"作为学习和研究活动的主线，在相关的有具体意义的情境中确定和教授学习策略与技能，强调"协作学习"和针对学习过程与学习资源的评价。他认为，单元化、问题化、活动化和信息化是学习环境设计的操作空间和内容的特点①。

综上所述，学习环境的设计理念从价值追求、构成要素、理论基础、实践框架等方面阐述了学习环境及其设计问题，是本研究的一个重要理论支柱，具有较强的理论指导意义，为信息化课堂教学环境设计提供了行动指南。

---

① 祝智庭，顾小清，闫寒冰. 现代教育技术：走进信息化教育［M］. 修订版. 北京：高等教育出版社，2005：176-195.

操作篇

第五章　聚合环境：创设信息化教学新环境

当前，教育技术的数字化聚合在课堂教学中运用比较成熟的技术，主要有交互式电子白板、即时反馈教学系统以及新近开发的内容标注工具 ClassCT 和知识合作建构工具 ClassKC 等。从现有的研究来看，交互式电子白板和即时反馈教学系统在教学中大多是各自独立使用，而少有结合应用的实例，因而一定程度上削弱了课堂信息化教学的整体效能。本研究将交互式电子白板和即时反馈教学系统有机整合，将多媒体投影幕布换成一块交互式电子白板，再配置一套即时反馈教学系统，使两者优势互补，并与现有的教学技术进行整合，尝试构建一个基于评估的低密度的数字化聚合课堂教学新环境（见图5-1）。

在这样的数字化聚合课堂教学环境中，教师和学生通过交互式电子白板开展互动教学，在教学过程的每一个环节中，皆可借由互动反馈系统获得学习者的学习反应信息，经由教师依照预设的教学目标或评价量规做出诊断、评估，从而确立下一步的教学策略和步骤，直至达成教学目标。

本章将分别对交互式电子白板和即时反馈教学系统的软硬件系统、技术特性、教学功能及相关研究展开具体分析，以便从整体上把握数字化聚合环境中的课堂信息化教学系统的技术优势。

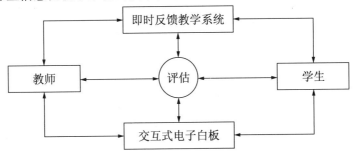

图5-1　基于评估的数字化聚合课堂教学新环境

第一节　交互式电子白板

一、交互式电子白板技术

在普通电子白板的技术之上发展起来的交互式电子白板，一般是指这样一种电子设备：建立在大小接近黑板的普通白色书写板的基础上，操作者能在其界面上用鼠标笔或特制的笔，像用粉笔在黑板上板书一样自由书写。

（一）电子白板的分类与特点

1. 按技术发展的先后顺序分类

根据美国学者埃斯基吉奥卢（Ahmet M. Eskicioglu）和科佩茨（Danny Kopec）的研究，电子白板可按技术发展的先后顺序划分为三类：一类是拷贝复印式电子白板，一类是外围式电子白板，一类是交互式电子白板（见图5-2）①。

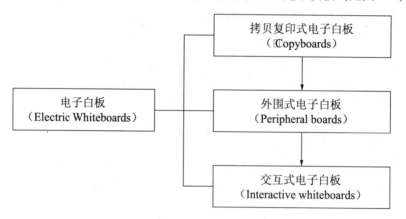

图5-2　电子白板的技术分类

（1）拷贝复印式电子白板

拷贝复印式电子白板通过用户的简单操作便可将白板上书写的内容通过

---

① Eskicioglu A, Kopec D. The ideal multimedia-enabled classroom: perspectives from psychology, education, and information science [J/OL]. Journal of Educational Multimedia and Hypermedia, 2003, 12 (2): 199－221 [2004－11－27]. Norfolk, VA: AACE. http://www. sci. brooklyn. cuny. edu/ ~ eskicioglu/papers/AACE2003. pdf.

一定的方式扫描并打印出来。其功能完成过程与普通的复印过程一样，首先由图像传感器件对白板上的内容进行采集，采集信号经过一定的图像处理，最后用热敏、喷墨或其他打印方式输出，一般不需要与计算机相连接。

（2）外围式电子白板

外围式电子白板可以将板书内容传送到与之相连的计算机中存储为数字化文档，并进一步分发，编辑处理，用电子邮件邮寄等。个别外围式电子白板还有扩充功能，可以连接数字投影仪，从而升级成为交互式电子白板。

（3）交互式电子白板

交互式电子白板就其实质来说就是一个大尺寸交互显示界面，相当于一个大尺寸的触摸屏，用手指或鼠标笔直接触摸白板界面，就可以像坐在计算机旁一样，实现对计算机文件与程序系统的操作控制，如打开网页、访问文件资料等。

从电子白板使用的技术上看，还有一种利用超声波技术定位来捕获书写笔位置的电子白板（Sonic boards），主要是在普通白板的基础上添加一种能"听到"书写笔位置的超声波定位装置，从而实现由普通白板到电子白板的过渡，这是一种较为价廉的数字化白板。

2. 按使用的技术原理分类

按照电子白板技术原理的不同，可以区分出三种技术类型的电子白板，分别是压感式电子白板、电磁感应式电子白板和激光定位式电子白板。

（1）压感式电子白板（Resistive Membrane Boards）

压感式电子白板是应用压感原理的触摸式白板，相当于计算机的一个触摸屏，是一种用手指或笔触及屏幕上所显示的选项来完成指定工作的人机互动式输入设备。这种电子白板内部有两层感压膜，当白板表面某一点受到压力时，两层膜在这点上造成短路，电子白板的控制器检测出受压点的坐标值（手指或笔触及的位置），经 RS232 接口送入计算机，然后经投影将书写操作展现出来。该类电子白板属于电阻膜式的触摸屏，响应速度快，分辨率高，压感技术无需专用笔，用手压即可交互，但其没有方便的鼠标右键功能，操作步骤略显复杂，容易误操作，另外触摸面易损坏。

（2）电磁感应式电子白板（Magnetic Pick-up Boards）

电磁感应式电子白板是将电磁感应线圈内嵌于白板内部作为笔画感应器，构成书写白板的笔画接收设备，通过按压电子白板笔（e-Pen）的笔尖与白板表面接触，在感应区进行笔画捕捉。当电磁笔在白板上进行书写操作时压力触动笔套内的发生器工作，吸附在白板边缘的感应器及相应软件根据这些信号来定位笔的水平、垂直位置，从而在计算机中生成一点坐标，记录下白板上的信息，再经接口送入计算机，经投影将书写操作展现出来。电磁感应式电子白板坚实耐磨，不易损坏，具有稳定、可靠、响应速度快、分辨率高、无噪声、定位准确，操作灵敏等特点。

（3）激光定位式电子白板（Laser Scanner Boards）

激光定位式电子白板同电磁感应式电子白板一样，也有质地较硬的书写板。使用激光跟踪原理的白板上端两侧各有一个激光发射器。白板启动后，激光发射器发出激光扫射白板表面，特制笔具有感应激光功能，能够反馈笔的位置。

3. 其他分类

此外，根据投影方式的不同，可将电子白板分为正投式（Front Projection）和背投式（Rear Projection）两大类；根据安装方式的不同，可将电子白板分为支架式（移动式）和固定式两大类。如今，还出现了等离子显示（Interactive Plasma Displays）和液晶显示（Interactive LCD Displays）的平板式电子白板、便携式电子书写白板（Portable Paneles）以及具备蓝牙技术的电子白板等（Bluetouth Tablets）①。

目前，国际上至少有十几个著名的电子白板品牌，我国则有深圳巨龙、清华同方以及 TCL 出品的 VCM 系列交互式电子白板，为无纸化办公和课堂信息化教学、培训提供了丰富的选择。

（二）交互式电子白板系统

所谓交互式电子白板系统，是指包含了交互式电子白板、计算机系统和投影设备等基本组件，以计算机软硬件为核心，以大尺寸交互显示界面为特色的媒体组合。

1. 系统组成

从性价比和普及程度上看，采用"投影机+白板"作为显示设备的正投式交互式电子白板系统是当前相对理想、较为主流的产品。

交互式电子白板系统主要由交互式电子白板（包含鼠标笔、与之配套的交互式电子白板应用软件）、多媒体计算机、投影系统三部分组成（见图5-3）。交互式电子白板是系统的主体，它是鼠标笔书写与操作的界面，并不断

---

① Anon. Interactive whiteboard resources［EB/OL］.［2005－04－23］. http://www. electronicwhite-boardswarehouse. com/smartboardresources/.

收集着鼠标笔的位置与运动信息，通过电缆传送至计算机中，同时它还充当了投影机的屏幕。而安装了白板软件的计算机系统负责对传入的电子笔位置与运动信号进行运算处理，转化为对计算机程序和内部对象的操作，并将运算结果转化成计算机图形界面，同时将视频信号送至投影机。最后，由投影机将计算机图形界面投射在交互白板上，以供更多人共享。

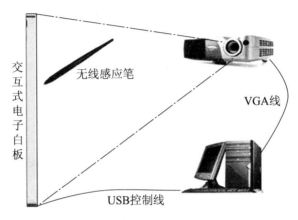

图5-3　交互式电子白板系统连线

2. 交互式电子白板软件

除了交互式电子白板外，支撑交互式电子白板系统功能实现的交互式电子白板软件也是十分重要的系统组成部分。在相当大程度上，白板软件是否强大易用决定了整个交互式电子白板产品的优劣。以下以由我国 TCL 教育互联事业部近来引进、开发的针对学校教育领域的 VCM 交互式电子白板为例，概述该软件系统的基本组成及功能。

（1）虚拟白板

所谓虚拟白板（见图5-4），其使用如同普通黑板（或普通白板、绿板等），使用者使用电子白板笔（见图5-5），可以轻松实现如下功能和特效。

●普通黑板功能

诸如板书、标注、板擦等。可以像使用传统黑板和粉笔一样在虚拟白板上随意书写，书写内容的颜色、笔画的粗细可以随意改变。还可以对书写的内容做标注，只需轻轻点击板擦按钮，即可迅速清除整个白板上的内容，同时也可局部擦除，方便快捷，没有粉尘。

●白板特效功能

虚拟白板的默认工作界面为白色背景，还可以借助菜单里的工具条的设

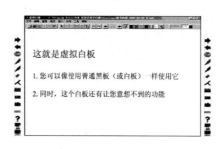

图 5-4　虚拟白板工作界面

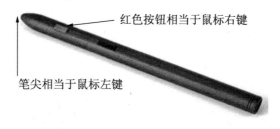

图 5-5　电子白板笔

置，完成白板背景的定制，根据需要设置成其他颜色的背景，以及不同学科常用的背景，如数学网格坐标图板、音乐教学用的五线谱、体育教学用的各种体育场地的背景等。此外，Windows 工作环境中常用的打开文件、选中、插入、剪切、复制、删除、保存、打印、上翻一页（屏）、下翻一页（屏）等操作命令也被一并集成到了虚拟白板的工作窗口。为便于操作，该白板在左右两侧均设置了同样的 14 个软功能键（softkeys），增加了全部清除、遮屏显示、重点显示、屏幕快照、虚拟键盘等功能，以便快捷有效地实现上述功能。

虚拟白板上呈现的所有内容均可通过数据连线自动经后台保存到电脑里，以备需要时调用、查阅或分发给他人共享。

（2）互动演示平台

互动演示平台实际上就是整合于 Windows 系统，既可实现虚拟白板功能，又能完成 Windows 环境下各类应用软件操作的一套实用工具系统。

互动演示平台的工作面板如图 5-6 所示。

在互动演示平台的工作面板上可显现出互动演示平台，它较虚拟白板功能更为强大，而且新增了如下功能模块。

● 多用户系统模块

可以提供并保存多个不同的软件使用习惯设定，以适应不同的白板使用

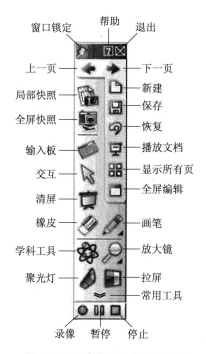

图5-6 互动演示平台工作面板

者，让每一个用户都可以设定自己的软件使用喜好及习惯。

● 幻灯片增强组件模块

结合广大交互式电子白板使用者最喜爱的微软 PowerPoint 软件，使 PPT 文件的使用和交互式电子白板环境完美地结合，并提供了更人性化的功能和使用方式，最大限度地增强交互式电子白板和传统教学软件的功能。

● 自定义课件图库工具模块

软件内置了几千张常用图片，并且提供了一个强大的管理工具，使用这个工具，用户可以很方便地找到任意分类的图片，甚至可以建立自己常用的分类和导入自己的图片素材。它还为用户提供了非常个性化的信息共享方式，使用者可以借此建立适合自己需要的学科教学资源库。

● 系统注释讲解模块

不限于微软 PowerPoint 软件，VCM 互动演示平台甚至能够扩展到任意 Windows 应用程序的讲解和注释，这个模块使得用户能够针对 Windows 的任意应用程序，在任何普通的运行状态下进行注解和讲解，从而将白板的功能扩展至整个 Windows 系统。

● 自定义快捷方式管理器

提供了一组快捷方式，用来连接用户常用的 Windows 应用程序和文档，使得用户能够在信息共享的过程中以最快捷的方式来启动所需要的任意运行程序或文档。

（3）录课系统

录课系统是用于将电脑屏幕操作及解说同步录制为 AVI 文件的工具，是一个简单实用的屏幕录制软件。以 VCM 交互式电子白板为例，其录课系统的工作界面见图 5-7。它可以将屏幕上动态变化的图像、鼠标运动轨迹录制到文件中，并采用微软的多媒体文件格式（＊.wmv）保存。之后，可以使用 VCM 录课系统提供的播放器播放屏幕录制文件，同时也可以使用 Windows Media Player 播放器直接播放屏幕录制文件。

图 5-7　VCM 录课系统工作界面

录课系统操作简单，具有以下功能和特点：

● 将屏幕操作过程录制到文件中；

● 播放录制好的屏幕文件；

● 直接发布到互联网上点播屏幕文件；

● 程序在后台运行，不影响系统操作；

● 采用先进的动态屏幕压缩算法，支持多种常用的屏幕分辨率，录制后的文件很小。

二、交互式电子白板的教学优势

从国外引入交互式电子白板开展教学以及我国近期的相关研究成果来看，交互式电子白板对改进教学、增强师生交互、有效实施信息化教学效果明显。

（一）国外相关研究及结论

加拿大、美国、英国和澳大利亚等发达国家有关交互式电子白板的教学应用，特别是其课堂功用的实践和研究起步最早，它们的研究侧重于对交互白板的有效性评估及其在教育领域的实际应用两个方面，形成了很多应用于学科课堂教学的案例，其实践和经验为其他国家尤其是发展中国家提供了借鉴。总结国外众多研究项目的结论，可以概括为以下三点[①]：

- 交互式电子白板能帮助教师有效地管理课堂和备课；
- 交互式电子白板能激发学生学习动机，增强课堂互动性；
- 交互式电子白板能被整合到不同学科的教学中去。

（二）国内相关研究及结论

国内有关交互式电子白板教育应用的研究项目始于 2004 年，其中较有影响的主要有中国利用交互式教学技术改革课堂教学项目[②]、SMART Board 互动电子白板研究[③]、TCL 教育互联的"VCM 互动课堂"[④] 等。这些研究项目大都由高等教育研究机构和公司教育信息化部门发起，涉及交互式电子白板系统、工具平台、资源整合、使用效果等。已得出的研究结果表明：交互式电子白板

---

① The British Educational Communications Technology agency （BECTa）［EB/OL］．［2006－06－28］．http：//www. becta. org. uk/teaching/pedagogy/technologies/whiteboards. html；Anon. 6 reasons why every teacher should have a interactive whiteboard［EB/OL］．［2006－06－29］．http：//www. Electronic-whiteboardswarehouse. com/smartboardresources/？ p＝3；丁兴富．交互白板及其在我国中小学课堂教学中的应用研究［J］．中国电化教育，2005（3）．

② 丁兴富．交互白板及其在我国中小学课堂教学中的应用研究［J］．中国电化教育，2005（3）.

③ SMART 和 Eduserve 启动中国教育研究项目［EB/OL］．［2005－07－03］．http://info. edu. hc360. com/2005/06/22111075221. shtml.

④ VCM 互动电教平台专题［EB/OL］．［2006－05－22］．http：//www. vcrnedu. corn/ad/0610/indexjsp.#.

系统在中国基础教育领域具有极强的适应性，应用前景非常广泛。

对运用传统黑板的课堂、"电脑+投影仪"的课堂与基于交互式电子白板的课堂进行比较，可以看出基于交互式电子白板的课堂的优势之所在（见表5-1）[①]。

表5-1　交互式电子白板优势比较

比较维度			传统黑板	电脑+投影仪	交互式电子白板
生理上	视觉	优势	学习要点随教师的板书讲解依次呈现，重点可以被教师边讲解边用下划线或不同颜色字体加以突出，教师可以通过肢体语言来强化讲解	学习的要点随教师的讲解依次呈现，随时调用事先准备的课件素材，大大节省板书时间，课件可重复使用，节约大量备课时间	教师可以利用课件讲解，任意圈点重点，可以事先准备课程，节省备课和板书时间；随时调用图片，进行演示，使课堂内容更加形象化，更加精彩；通过肢体语言强化讲解效果，教师在面板上直接控制电脑，白板在中间位置，兼顾两侧学生观看；复习时，可以将内容任意翻回
		劣势	无法调用大量图片做演示，板书大量浪费有限的教学时间，当写到黑板某一边时，另一边的学生会有观看困难，复习总结时先前讲过的内容已被迫擦除，无法再现	教学重点无法被随时圈点，缺乏灵活性，还需要与黑板配合，由于大量内容同时展现，也不容易在一大篇投影内容中迅速找到讲解的内容，只能事先准备复习纲要，在复习时呈现	
	听觉	优势	教师从正面讲解，学生双耳听觉平衡，听得清楚	教师需要在电脑前或学生侧面进行讲解，造成学生双耳听觉不平衡，不易听清，教师常常不得不来回行走以操作电脑，造成授课的不连贯	教师在正面讲解，学生双耳平衡，听得清楚
	结论		视觉、听觉同步集中在讲解点上，印象深刻，理解清晰明确，接受知识的效果非常理想	视觉、听觉不能有效集中配合，学生心神不一，授课结果影响肤浅，理解模糊	视觉、听觉同步集中于讲解点上，学生印象深刻，理解清晰明确，是接受知识的理想教学方式

① 祝智庭，顾小清，闫寒冰. 现代教育技术：走进信息化教育［M］. 修订版. 北京：高等教育出版社，2005：219-220.

续表

比较维度		传统黑板	电脑+投影仪	交互式电子白板
心理上	1 交流	教师讲解时正面面向学生，与学生有充分的目光交流，这是良好融洽的教学关系所必备的条件	学生注意力在幕布上，教师无法直接和学生进行目光交流，双方思维和行动步调容易脱节，产生"隔阂"	教师讲解时正面面向学生，与学生有充分的目光交流，这是良好融洽的教学关系所必备的条件
	2 控制	学生一直处于教师的视野内，不易分心	教师忙于操作电脑，一心难二用，无法有效控制学生专注听讲	学生会一直受到教师的目光控制，不易分心
	3 调整	教学过程中教师可随时根据学生反应（目光、神色、肢体语言和应答等）来判断和调整教学进程	教师赖以判断学生反应的因素受到局限，教学常陷入程式化，很难即时发挥，难以根据学生的状况及时调整教学进度	教学过程中教师可随时根据学生的反应（目光、神色、肢体语言和应答等）来判断和调整自己的教学进程
	4 模式	教师可以随时在"教师中心"和"学生中心"两种教学模式之间切换，有利于提高教学效果	教师在"教师中心"的模式中徘徊，无法调动学生的积极性和主动性	教师可以随时在"教师中心"和"学生中心"两种教学模式之间切换，有利于提高教学效果
	5 心态	黑板教学现在显得过于传统，教师会有"落后"的心理负担，影响讲解效果；学生对此传统媒体的不认同也会大大影响教学	采用电子教学，教师有优越感和自信心，精心准备图片和演示会抓住学生注意力，但教师自由发挥余地小，专业课件制作困难，影响使用积极性	采用电子教学，教师有优越感和自信心，精心准备的图片和演示能抓住学生注意力，使用方法与传统黑板相同，简便易用，易于接受
环保与节能		粉尘污染，影响师生健康，影响电教设备寿命	少量粉尘，能量消耗较大	无粉尘，环保节能

　　国内外关于交互式电子白板的研究及其结论表明，无论在国内还是在国外，交互式电子白板的教育教学应用已经成为目前教育研究领域的一个热点。国内广大教育研究者和教师都积极关注这一新兴教育工具，期待它为我国的教育信息化事业特别是学校的课堂信息化教学创新做出新的贡献。

第二节　即时反馈教学系统

从信息传播的角度看，课堂教学过程是一个信息传播过程。在这个过程中，对教师而言，一方面应不断地提示表示教学内容的教学信息，另一方面还应注重收集学习者的学习数据和应答信息，并对信息进行处理，然后根据处理的结果对教学过程进行调控。对学习者而言，则要接受教师提示的教学信息，通过分析、判断、处理、理解信息并将它变为自己的财富，形成知识，实现知识（信息）的探索和问题的解决。

研究表明，获取和利用教学反馈信息非常重要[①]。不过，长期以来，课堂教学过程中取得课堂教学反馈信息的传统方法普遍存在效率低下的问题。一是信息反馈片面，只有或只重视知识反馈，不重视情感、智力等学习素质的信息反馈，使教师获得的信息反馈不全面。二是信息反馈滞后，把信息反馈同教学过程割裂开来。低效率的教学中也有反馈，但常常是同考试结合在一起的，往往出现在终结性的环节中，因而只是得到教学结论性认识，并没有起到过程中的诊断与调控作用。三是信息反馈被动。学生被动地接受反馈，把主动改善学习处境的活动当作教师强加给自己的沉重负担；教师也以不得已而为之的心态，视考试为"工作效果的一项不可缺少的交代"[②]。

如何通过技术取得即时而全面的反馈信息，提高课堂教学成效，一直是困扰教师的一个难题。即时反馈教学系统正是在这种背景下应运而生，期望通过应用信息反馈技术破解课堂教学反馈低效的难题。

即时反馈教学系统，又称互动反馈教学系统，是指一个由科技力量辅助的教与学环境，在传统教室中，利用通信技术来传送信息、收集信息，经由计算机处理信息以及显示学生的反馈信息，达到提升教学与学习效果的目的。

---

① Brinko K T. The practice of giving feedback to improve teaching: what is effective? [J]. The Journal of Higher Education, 1993, 64 (5): 574-593.

② 刘显国. 反馈教学探索十五年 [M]. 天津：天津人民出版社，2002.

一、国外相关研究

（一）应答信息分析系统

1. 应答信息分析系统的产生

概括地说，应答信息分析系统的产生是源于测验理论（Test Theory，全称为"心理测验理论"）在教学实践中应用的需要。

20 世纪初，出现了经典测量理论（Classical Test Theory，CTT）和在此基础上发展而来的项目反应理论（Item Response Theory），两者都是测验理论发展的代表。测验理论是一种解释测验数据间实证关系（Empirical Relationships）的有系统的理论学说，其理论模式的发展历时甚久且颇具规模，所采用的计算公式简单明了、浅显易懂，适用于大多数的教育与心理测验数据以及社会科学数据的分析，为目前测验领域使用与流通最广的理论依据。

在教学领域，为了提高测验的精确度和节省测试时间，为授课教师提供各种有用的信息，以便教师全面细致地了解、掌握班级整体及学生个体当前的学习状态，及时合理地调整教学对策，提高课堂教学质量，出现了一种基于测验理论，能自动采集、处理和分析课堂教学中学生反应数据的实时测量系统，即应答信息分析系统。其典型代表是由日本学者提出的 S-P 表（Student-Problem Chart 或 Student-Problem Score Table）分析技术。

S-P 表分析技术由日本学者佐藤博隆于 1970 年创立，是一种将学生在试题上的作答反应情形予以"图形化"分析的方法，其目的在于获得每位学生的学习诊断资料，为教师实施有效的学习辅导提供参考。佐藤博隆在日本 NEC 电器公司计算机与通信研究所致力于 S-P 表的研究与发展，终于在 1982 年前后陆续开发出了适用于日本小学、初中、高中的《S-P 表的实际应用》教科书，受到各级学校教师的认可和喜爱。

日裔美国学者龙冈诚博士（Dr. Maurice M. Tatsuoka）曾于 20 世纪 70 年代末赴日本讲学及研究，发现 S-P 表在日本颇为盛行，于是在回国后撰文介绍日本心理计量学界的最新发展概况，极力推崇电子与电机科技工程师介入教育测量问题的研究，充分推广科技整合的研究成果。如今，美国学术界对 S-P 表分析的研究，已远超佐藤博隆当初所发展的 S-P 表分析理论与技术，他们对 S-P 表做了进一步改造，并使之发展成为教学评价及测验编制的重要工具。

2. 应答信息分析系统的组成

应答信息分析系统通常由信息采集、控制及数据处理、结果显示三大部分组成（见图 5-8）。

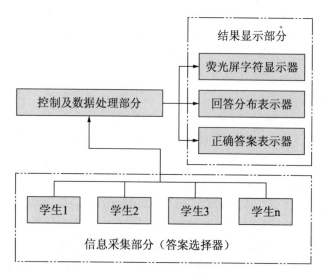

图 5-8　应答信息分析系统的构成

（1）信息采集部分

信息采集部分由设置在学生座位上的答案选择器组成。每个答案选择器都是一个数位开关，代表不同答案的选择。

（2）控制及数据处理部分

控制及数据处理部分是以微型计算机为核心的数据处理器，它把收集到的应答信息按设定的程序进行数据处理，并通过接口把处理结果输送到显示部分。

（3）结果显示部分

结果显示部分包括荧光屏字符显示器，正确答案表示器或回答分布表示器，（用来记录集体应答曲线的扫描记录器）。荧光屏字符显示器能以文字或图形的方式显示多种数据处理结果，按照指令给出直观清晰的显示。

3. 应答信息分析的特点

（1）集团倾向性的动态描述

应答信息分析的结果以 S-P 表、S-P 线和集体反应曲线的形式显示。这些图表所描述的是一组受试者的集体倾向，而且是时间和得分积累的效果，是变化的动态结果。

（2）模型化的直观结果

应答信息分析的图表结果是以模型化形态出现的，通过与测验类型的标准形态及应答分布函数形态相比较可以获得直观的结果。

（3）应答分析的实时性

现代的应答信息分析系统是以计算机为主体构成的，因此，它能对应答反应的时间与得分信息做出实时的处理，立刻给出 S-P 表和时间响应曲线的分析结果，使研究者迅速掌握学生的反应信息及其特点，做出分析判断。

（二）典型的课堂即时反馈教学系统简介

自应答信息分析系统诞生以来，随着技术的进步，不少厂家纷纷研发各自的即时反馈教学系统，推出了十几种各具特色的产品，如课堂响应系统（Classroom Response Systems，CRS）、个别响应系统（Personal Response System，PRS）、观众响应系统（Audience Response System，ARS）、课堂交流系统（Classroom Communication Device，CCD）、课堂成效系统（Classroom Performance System，CPS）、互动响应系统（Interactive Response System，IRS）、课堂谈话（Classtalk）、观众定速反馈系统（Audience-paced Feedback Systems，APF）、无线响应系统（Wireless Response Systems，WRS）等。这些即时反馈教学系统按使用的技术原理来分主要有两类：一类是基于红外技术的（Infrared Technology，IR），一类是基于射频技术的（Radio Frequency，RF）。两类系统各有所长，均可在普通教室里无线使用。

以下以几个较有影响的课堂即时反馈教学系统为例，介绍即时反馈教学系统的使用。

1. ClassTalk 系统

ClassTalk 是由美国"更好的教育"（Better Education）有限公司研发的课堂通信系统（Classroom Communication System），其主旨在于利用 ClassTalk 系统提供有效的方法来管理互动性课程，并将学生带入课堂。该系统通过立即显示学生响应的结果，包含以颜色编制的座位表以及学生作答所呈现的统计图表，引发全班性讨论，而教师也可利用信息传递功能，根据学生的状况把信息分别传递给学生，进一步指导学生学习①。

支持 ClassTalk 系统的教室需要一台计算机、一个大型的展示系统（液

---

① Anon. Classtalk：the classroom communication system. ［EB/OL］. ［2006 - 03 - 05］. http：//www. bedu. com/More%20Information. html；Anon. Classtalk system ［EB/OL］. ［2006 - 04 - 23］. http：//www. ph. utexas. edu/ ~ ctalk/a/instructorta_ manual/history. html.

晶显示器、大尺寸电视或投影设备）、学生个人辅助工具以及网络连接。计算机大多安置在教室中，供教师教学时操作使用，执行教学相关的软件套件。

在教学过程中，教师将教学信息传送到学生的个人辅助工具上，也可将一些共同的显示信息传送至大型展示系统（见图5-9）。这里所称的网络，是指能够将教师计算机与所有学生的学习辅助工具连接在一起进行通信的环境。教师所指派的工作或信息，都会通过这个网络传送给所有的学生。

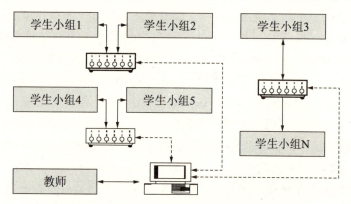

图5-9 教师和学生通过 ClassTalk 系统进行互动教学

ClassTalk 被用来促进建立一个更为动态、更有利于实现意义建构的学习的课堂环境。学生在这样的环境中，将趋向于合作解决问题式的学习活动，并向其他同学及教师发表自己的意见，教师也能够据此调整教学策略，使之符合学生的学习需求。

在 ClassTalk 环境中，每个学生手持一个掌上图形计算器设备，多个学生装置通过无线网络联结于转接黑盒子，经由黑盒子与教师计算机联机，从而实现与教师的沟通互动。

ClassTalk 的软件部分由三个功能模块构成，分别是包含交互式问答的现行任务模块（Active Task Mode）、编辑互动试题的新任务模块（New Task Mode）以及互动结果呈现的记录模块（Records Mode）。它们能引发小组合作学习、全班性讨论以及交互式教学。

现行任务模块在课堂活动过程中占有重要地位，教师可以开放学生登入，在系统画面上依照学生在课堂中的座位显示学生状态，通过系统中学生座位图标颜色的改变，得知学生对于教学活动的响应情况。在此活动模式下，教师可以显示互动题目与学生进行互动，也可以根据学生的响应呈现全班性的统计图表。

新任务模块则提供教师关于题目编辑、储存等内容的管理功能，教师编辑的题目，将在课堂活动中加载系统进行互动。除了由系统提供的编辑功能外，也可将由其他软件程序制作出来的数据汇入系统，节省部分内容编辑工作量。

至于记录模块，除了提供共同显示画面上的数据外，也可编辑储存下载至学生手持装置上显示的简短信息。各种结果统计性数据与图表，都可通过记录模块经分析整理后呈现出来。

在利用 ClassTalk 进行教学的课堂上，包含七个步骤，它们共同组成一个小组合作解题或全班性讨论的课程，七个步骤可以循序重复进行，称为问题循环（Question Cycle）（见图 5-10）[①]。

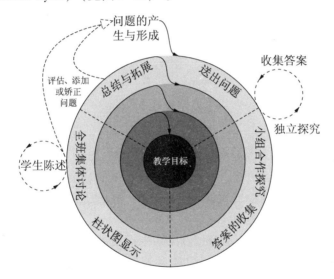

图 5-10　ClassTalk 教学结构循环

七个步骤从教师提出一个问题开始，接着由学生给出答案，然后呈现统计结果，引发讨论，再由教师总结，整个流程具有相当的弹性（见图 5-10 的虚线部分），可依据课堂上的需要调整步骤的执行顺序。每个步骤进行的时间，也兼顾教室内教师与学生彼此间的互动性，教师在这样的教学策略

---

① Dufresne R J, Gerace W J, Leonard, W J, Mestre J P, Wenk L. Classtalk：a classroom Communication system for active learning［J］. Journal of Computing in Higher Education，1996（7）：3-47.

下，将从主动传递知识的角色转换为在旁协助的角色，让学生变得更为主动与积极。

ClassTalk 的最终目标是达到质量更佳的教学。通过将 ClassTalk 引入教学，教师可以随时掌握学生的学习动态与进度，这有利于建立一个生动、丰富的学习环境，而且不会造成课程的失控，也能增加教师与学生彼此间的沟通机会，增强学生学习的专注力。研究表明，在体验过 ClassTalk 教学环境后，绝大多数学生都会对学科方面的学习更有兴趣，在学习态度上也能有不错的改善。

2. CPS 系统

CPS 是一个容易使用的红外线响应系统，可以立即接收来自学生的反馈①（见图 5-11），激励并吸引学生专注于课堂。

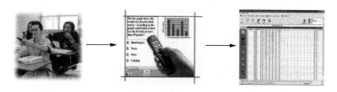

图 5-11　CPS 系统的应用

CPS 系统具备几个特点，在整体的成绩管理上，除了可以制作 CPS 成绩表外，也可将活动结果以 Excel、Word、PDF 等不同形式储存。评量模式则可适应学生个人的学习步调，也能记录学生作答的相关信息。CPS 同时结合后端服务器，提供在线检视与课后的学习机会，营造一个无威胁性的环境，让即使是害羞的学生也能融入这样的教学环境。

CPS 提供试题编辑、测验评量以及结果报表呈现等功能。在试题编辑方面，提供多达 45 种的预设版面，让教师依据自己的需要编辑试题。在评量测验方面，提供同步与异步两种测验模式，既能实现全班互动，又能兼顾个人学习步调。在同步评量中，通过共同屏幕显示题目，学生用红外线遥控器作答，学生的作答会直接反映在学生座位号标示区，颜色改变表示接收到学生的信号。至于异步评量，则是教师给予学生书面式题目，由学生自行依照进度作答，CPS 会呈现出学生座位号与简单的作答信息。最后评量结果可按

---

① Anon. Classroom performance system［EB/OL］.［2006-08-12］. http：//www.mhhe.com/cps/whatiscps.shtml；Anon. Classroom performance system［EB/OL］.［2006-09-23］. http：// www.cer.jhu.edu/presentations/inclassvoting/files0806/CPSOnline%20HE%20Instructor%20Setup%20Guide.pdf.

照教师的不同需要，生成各种不同的格式，方便教师储存与检阅。

CPS 能有效地节省教师在教学过程中处理繁杂事务的时间，改善教室内的教学表现。已有的使用案例显示，一位 10 年级的生物教师反映，尚未使用 CPS 之前，他总感到苦恼，因为他每天都要花许多时间在学生成绩表上，直到看到 CPS 并在教学中实际使用之后，这些原本用于处理繁杂事务的时间被节省下来并转移到课程计划上，使得教学更有效率。而其他使用者也指出，CPS 最主要的好处在于营造一个互动的学习环境，利用这样的设备与系统将学生带入课堂，使学生更专注于课堂学习，也让一些害羞的学生能主动地参与教学活动①。

3. PRS 系统

教室是一个能够提供独特互动性机会的地方，PRS 系统能够有效且轻易地达到这样的效果②。

PRS 的硬件部分是一个低价位、容易使用、容易设定的响应系统，同时具备完整的扩增性以及可携带性。在课堂上使用 PRS，可以增进学生对教学内容的理解，重复应用所学加深概念，同时也能增加课堂教学的活泼性，让师生更能享受上课的乐趣。

PRS 使用的是一个 12 键的无线遥控器，除了 0—9 的数字键外，还有 H 和 L 两个按键来表示自己的自信程度。交互式的教学策略就是利用问题导向的方式，来引发学生思考与全班讨论。

教师在教学时，先将题目数据投影到全班学生可以看到的地方，或者标示在白板上，或者以口述的方式呈现，而题目的形式以选择题为主，学生通过遥控器上的数字按钮来响应。学生在看到题目后，用遥控器来作答，除了通过数字键回答自己作答的选项外，还可选择 H 与 L 两个键来表示自己对于该题作答的自信程度。系统的显示部分包含匿名与记名两种模式，作答时会通过每个学生专属表示区的颜色变化来显示学生是否完成作答，答题时间结束或终止作答后，将通过统计图表显示学生整体的作答情况。

PRS 是一个简单的系统，但在教学中却能发挥引人注目的影响。通过问

---

① Ward D L. The classroom performance system: the overwhelming research results supporting this teacher tool and methodology [EB/OL]. [2006 - 07 - 29]. http://www.einstruction.com/News/index.cfm? fuseaction = News. display&Menu =newsroom&content =FormalPaper&id =209.

② Elliott C. The use of a personal response system: 5 case studies [EB/OL]. [2006 - 09 - 09]. http://www.economicsnetwork.ac.uk/handbook/lectures/51.htm.

题导向教学引发的学生讨论，使教室内的气氛更加活跃，也使教学变得更具主动性。

上百堂课、上千个学生的使用体验显示，当学生知道他们的想法与理解具有重要地位时，产生了一些很有趣的现象。学生会在课堂上思考教师所提出的问题，在简单的测验后，结果也表明学生对概念有了更深入的理解，同时他们更能自行准备好进行这样的教学活动。这意味着学生乐于从事这样的学习，不论学习是否辛苦。

ClassTalk、CPS 以及 PRS 系统有着共同的特点，就是其目的都是带动教室内的气氛，增加教师与学生互动的机会，并且都是利用问题导向的方式达成的。提出问题让全班学生作答，除了引发个人的思考与解释外，也引发了全班性的讨论，活跃了课堂气氛。

虽然传统的教学方式也可以达到课堂互动的目的，只是教师无法实时接收到所有学生的反应，且部分比较不善于表达的学生也容易被忽略。通过个人手持装置与相关软件等信息科技的配合，教师可以充分了解教室里的状况，进而调整教学策略，让每位学生都有机会在课堂上表达自己的意见。

如今，在美国，包括哈佛大学、西北大学、俄亥俄州立大学、普渡大学、华盛顿大学等世界一流大学在内，已有超过 700 所大学以及为数更多的中小学在教室中使用反馈系统，教学质量与学习效率得以普遍提升①。

二、国内相关研究

（一）技术开发：教学反馈测评系统的研制

我国对即时反馈教学系统的研制和开发始于 20 世纪 80 年代。1983 年，华南师范大学的刘木生研制出了一套采用单板机做主机、发光二极管点阵做显示装置、磁带做存储载体的数据采集系统。其记录在磁带上的信息在课后可以送入计算机系统做进一步的处理，应答反应采用同步单选方式，即同时做同一道题，顺序进行，题型为单一答案选择题。该系统曾由中央教育科学研究所引入，在天津市一些学校试用。而后，华东师范大学的万嘉若、章明等于 1984 年研制出以 8 位微型机为主机的数据采集和处

---

① 互动教学系统在哈佛大学的应用与发展．[EB/OL]．[2006-10-12]．http://www.habook.com.tw/habook_epaper/2006/950408 _ Harvard.htm．

理系统，在硬件结构上采用多路开关方式采集数据，在采集现场可以实时显示应答值和反应时间情况（应答采用同步单选方式），并可以做多种统计处理。

从 1985 年起，江西省教育科学研究院研究员徐章英、江西省南昌师范学校高级讲师顾力兵夫妇开始了"教学信息实时反馈处理系统"的研制，并一直致力于其在教学实践中的应用，逐步发展出具有不同机型、多种功能的系列机。1999 年，他们又与人合作开发"教学反馈测评系统"，使原系统又有了新的突破。

该系统由硬件和软件两部分组成。硬件包括学生用反应器、课堂总线、接口三部分，软件主要包括数据采集与数据分析两大部分。整个系统可实时采集学生的应答反应与反应时间，在此基础上可做出各种统计分析，包括百分得分、标准分得分、按标准分划分的等级表以及试题分析（试题的难度、区分度和试卷的信度）等，更高层次的统计分析有 S-P 表（学生-问题表）、M-T 表（分数-时间表）等。该系统在"课堂信息化的理论与实践"实验研究应用中取得了显著成效①。

（二）增强学习：反馈技术支持教学的应用

1995 年，我国台湾"中央大学"开展了传统教学的反馈环节与技术相整合的有关理论的研究和系统设计。1998 年研制出一个廉价的、以群组红外为基础的信息反馈技术——"按按按"（Interactive Response System，IRS），期望该技术能在课堂教学中的师生互动和信息反馈环节产生巨大作用。2000 年由台湾"中央大学"牵头，15 所小学参加了"按按按"项目实验，2001 年发展到 150 所小学的 1000 多个实验班的普及应用，2004 年又扩展到 3000 多个实验班，并在欧洲、美国②、日本③、韩国、新加坡、香港、马来西亚等地推广该项目的研究和实践应用。

---

① 详见：智力工程 [EB/OL]．[2006-10-12]．http：//www. zlgc. com/home. htm#.

② Anon. Interactive 'clickers' changing classrooms [EB/OL]．[2006 - 10 - 12]．http：//www. msnbc. msn. com/id/7844477/.

③ 追求更卓越教学的日本京都立命馆小学校 [EB/OL]．[2007 - 12 - 20]．http：//www. habook. com. tw/habook_ epaper/2007/960315_ Kyoto_ Japan/960315_ Kyoto_ Japan. htm.

归纳分析相关研究可以发现，此类系统对教学与学习的积极影响主要有以下几项①。

1. 学生方面

（1）促进学生主动参与的动机

提供立即图像化的反馈，使学生对问题产生反应，并进一步强化学生主动参与讨论的动机。

（2）促使学生聚焦并投入于学习内容

学生必须针对问题选择一个答案，这促使学生必须针对问题进行思考。

（3）协助学生进行更深层的概念理解

学生必须进一步说明答案背后的理由，这促使学生去探索自己内在的思维。

2. 教师方面

（1）协助教师诊断学生学习状况，以供决策参考

系统可搜集学生的答案，协助教师从答案中立即找出学生的学习问题，帮助教师充分评估状况，有效澄清错误概念，启发后续的讨论。

（2）改善师生间的互动

协助教师有效掌握师生互动时的公平性，使所有学生拥有均等的学习机会。

（3）增进教学的流畅性

促使学生集中对学习重点的注意力，节省教学时间，使课堂情境丰富有趣而不会失去控制。

（4）方便教师应用

系统操作简单，使教师可专注于教学，教学思绪不易受到科技工具的干扰。

（三）扩展应用：当前的进展

受"按按按"反馈教学系统的启示，2000 年初北京海北科技有限公司开发了"'学易'高互动教学反馈系统"，随之在北京等地中小学开展了教学应用实验研究。2001 年台湾松博学习科技有限公司研发的"EduClick 高互动遥控教学系统"，通过了教育部电化教育办公室和中国电化教育协会的产

---

① HABOOK Information Technology INC. IRS 系统在教学应用上的研究与发现［EB/OL］.［2006-11-29］. http：//www. habook. com. tw/habook_ epaper/941224/941224. htm.

品认证。2002 年 6 月，以"EduClick 的教学应用研究"为内容的全国教育科学十五重点课题子课题——"引进信息反馈技术构建互动教学模式的研究"正式立项，经过三年多的应用研究，取得了大量的研究成果，在北京、上海、四川、新疆、深圳、河南、山西等地发展了 50 多所课题实验学校。这些课题实验学校依托反馈技术，在中小学不同阶段开展了针对不同学科的互动教学模式的整合实验。该课题研究通过大量案例表明，信息反馈技术的引进，能够在普通课堂更有效地整合多媒体技术，加强课堂交互，提高教学的针对性，形成课堂教学全新的互动教学模式。

随着两岸进一步的互动交流，EduClick 高互动遥控教学系统在大陆地区陆续开发出了三类高互动反馈教学系统。一类是 EZClick 普通教室用即时反馈教学系统系统，另外两类分别是适用于电脑网络教室的 EZTest 系统和适用于校园网络的 EZService 系统。

三、即时反馈教学系统的组成与功能

（一）即时反馈教学系统的硬件组成及功能

发展到今天，各式各样的课堂教学反馈系统尽管有不同的称谓，但其系统硬件组成基本相同（见图 5-12）。

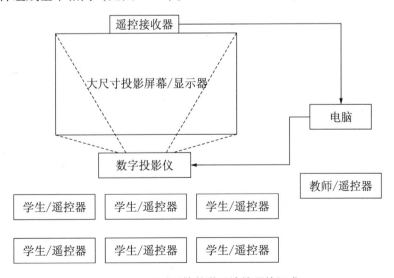

图 5-12　即时反馈教学系统的硬件组成

该系统中各主要部分的功能如下。

- 遥控接收器：连接到个人计算机主机上，用来接收遥控器信号。
- 教师遥控器：用来主控教学活动系统，控制学习活动的进行或教学素材的呈现。
- 学生遥控器：每一个都具有唯一的识别码，教室内每个学生配备一个。对准接收器按下按钮发送信号时，接收器可以识别谁按了什么按钮。教学活动系统得以响应个别的状况，进行教学活动。

（二）即时反馈教学系统的软件系统及功能

以最新一代 EZClick 即时反馈教学系统为例，该系统由以下三个子系统组成。

1. 备课系统

备课系统是一个能兼容多种格式文件进行课前教学设计的编辑工具，是集备课、上课于一体的多功能教师备课和上课专用系统。该系统支持各种媒体的组织编辑；允许教师从资源库中引入各类多媒体内容，包括图形、声音、视频、网页、Flash 动画等；允许教师编辑各类反馈问题，设置各种课堂活动形式，包括互动教学、抢答、即问即答等。

2. 互动系统

支持各种媒体的播放，允许教师用遥控器控制教学流程，学生用遥控器参与教学活动，系统同时可以进行各类资料设置并接收和记录反馈信息。

3. 评量系统

此系统可以将学生课堂学习的数据予以准确记录，进行统计分析，并开展长期的历史跟踪。教师通过此系统不仅可以宏观了解全班的教学效果，还可以具体到每一位学生某一个知识要点的掌握情况。同时，这些数据可以上传至校园网，方便教师、校长、家长长期查看及掌握学生的学习情况。该系统还可将学生详细资料自动进行排序整理，转化格式，并进行打印处理，方便教师备案。

四、即时反馈教学系统的使用

（一）操作过程

图 5-13 呈现了 EZClick 即时反馈教学系统的基本教学操作过程。利用该

系统教学时，教师启动电脑中的互动系统，将预先准备或临时提出的问题呈现在投影幕布上。学生思考后，通过按下手中的遥控器上的按键回答问题，遥控接收器将学生的反应信息送入测验系统。待系统收集齐全班学生反应后，教师可即时显示所有学生的答题结果或各选项统计结果，还可查看个别学生的回答情形。根据这些信息，教师可以进行决策及后续的教学。

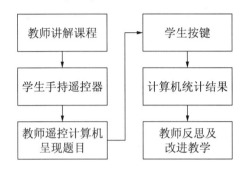

图 5-13 即时反馈教学系统的教学操作过程

（二）互动方式

该系统可以实现多种教学互动方式，主要如下。

1. 试卷测验

事先准备好教学素材，系统会自动呈现题目与选项，可应用于教学中的形成性评价。

2. 抢答活动

属于竞赛性质的互动教学模式，可应用于分组或个人竞赛。

3. 抢权活动

性质类似于抢答活动，但只有最先按下按键抢得作答权的学生才可以回答问题。

4. 淘汰赛

进行方式类似于试卷测验的累计计分赛，答题错误的学生将无法继续作答。

5. 即问即答

不需要事先准备好教学素材，由教师口述问题或书写黑板，可应用于临时性的意见调查或表决。

6. 挑人作答

随机挑选学生来回答问题，可应用于小组或个人的抽样调查。

　　从国内外现有的研究来看，即时反馈教学系统易学、易用、方便、便宜，既具有技术创新性，又具有教育的先进性。利用即时反馈教学系统提供的随堂数据，教师可以及时、准确地获取教学反馈信息，从而显著提升课堂教学反馈信息的成效和价值。即时反馈教学系统能够深化教育技术产品在教学中的应用，使以往教室中的设备，如电脑、投影机、实物投影仪发挥出新的功效，改变课堂教学中传统的单向灌输教学模式（教师讲、学生听），增进师生间的互动，营造活泼、生动的课堂气氛，充分体现以学生为主体的教学模式。即时反馈教学系统创造了互动教学的新理念，是教育技术的新突破。

第六章 实际应用：基于新课程的
教学操作

将数字化聚合技术中的交互式电子白板和即时反馈教学系统引入课堂教学，为课堂信息化教学提供了新平台。在当前课堂信息化教学改革的实践背景下，它们究竟对课堂教学的哪些要素产生了影响？要回答好这个问题，需要通过一定的实践检验。

第一节 研究者的研究

一、研究对象

为了在实践中研究和回答好"如何通过在课堂教学中引入数字化聚合技术，促使学生由被动型学习转向投入型学习，同时促使教师有效利用技术实现高智慧性的教学"这一核心问题，本研究提出了构建以评估为核心的数字化聚合课堂、信息化教学环境以及创新课堂的假设。笔者认为，适时引入交互式电子白板和即时反馈教学系统，将有助于改善课堂信息化教学环境，优化教学结构，提高教学的有效性。

按照上述假设，秉持本研究的宗旨，笔者有幸参加了全国教育科学"十五"规划国家重点课题 ——"教育信息化理论与实践模式"（批准号：AYA010035，项目主持人：祝智庭）子课题"基于互动白板的课堂协同教学模式的研究"，将交互式电子白板与即时反馈教学系统作为数字化聚合技术关注的焦点，考察分析其给学科课堂教学带来的诸多变化。实施课题的实验学校为上海市普陀区两所九年义务教育建制的普通学校，其中，F 学校选择的是二、四、五年级，Z 学校选择的是六、七年级。

本研究涉及三类研究样本：一是学科教师，二是学生，三是学科教研员。以下分别就这三类研究对象的背景资料和选取情况加以说明。

（一）学科教师

为了比较真实全面地反映研究的效果，本研究有意识地选择了不同学科的 6 位教师参与研究。他们的基本情况如下（见表 6-1）。

李老师：男，华中师范大学中文本科毕业，教龄 12 年，中级职称，主教语文，授课年级为六、七年级。

陈老师：女，华东师范大学英语本科毕业，教龄 18 年，中级职称，主教英语，授课班级为六、七年级。

赵老师：女，哈尔滨师范大学数学本科毕业，教龄 16 年，中级职称，主教数学，授课班级为六、七年级。

杨老师：女，上海师范大学英语专科毕业，教龄 13 年，小学高级职称，主教英语，授课班级为四、五年级。

顾老师：女，上海师范大学数学专科毕业，教龄 11 年，小学高级职称，主教数学，授课班级为四、五年级。

仲老师：女，松江师范学校小学教育专业毕业，教龄 16 年，中级职称，主教数学，授课班级为二、三年级。

表 6-1 参与研究的教师基本情况

教师特性		人 数
教学资历（教龄）	10—15 年	3
	15 年以上	3
性别	男	1
	女	5
教授年级	二、三年级	1
	四、五年级	2
	六、七年级	3

续表

教师特性		人　数
任教学科	语文	1
	数学	2
	英语	2
	自然	1

（二）学生

在本研究所选的课题实验学校中，具有自然形成的两个平行班。考虑到研究的信度、效度和现实的可操作性，本研究采用了准实验研究方法，即采用不相等组始末测实验设计模式。其好处有二：一是在自然班中进行实验，对于现行的教学体制来说具有广泛的可行性；二是可以对两组的始末测成绩分别进行比较，通过对比组始末测成绩的变化情况来反照或显示实验组始末测成绩的变化情况，从而看出实验因素对实验结果的影响。这样设计实验，较为简便可行，最终有助于得出多方面的准确可靠的实验信息。本研究选择了两个平行班作实验分组研究的对象。任选其一作为实验班，另一个作为对照班，跟踪研究近两年。两所学校的学生情况如下（见表6-2）。

表6-2　参与研究的学生基本情况

学　校	年级/班	班　级	学　科	性　别	人　数
F学校	二/四（2）	实验班	自然	男	14
				女	14
	二/四（1）	对照班	自然	男	14
				女	14
	四/五（1）	实验班	英语/数学	男	9
				女	14
	四/五（2）	对照班	英语/数学	男	9
				女	11

续表

学　校	年级/班	班　级	学　科	性　别	人　数
Z学校	六/七（3）	实验班	英语/数学/语文	男	17
				女	18
	六/七（1）	对照班	英语/数学	男	16
				女	17

注：四/五、六/七表明该班由低年级升入高一年级，人数未发生变化。

（三）学科教研员

为增强学科研究的科学性，本研究邀请了普陀区教师进修学院对应学科的6位教研员，从学科教研的角度帮助教师把握学科的教学设计，并进行课堂观察、课后评议及改进设计等研究活动。6位学科教研员的基本情况如下（见表6-3）。

表6-3　参与研究的学科教研员基本情况

教研员	性别	技术职称	教研学科	教龄/研龄（年）	对口指导实验教师
张老师	男	中学高级	英语	27	杨老师
汪老师	女	中学高级	英语	15	陈老师
姚老师	女	小学高级	科学常识	15	仲老师
胡老师	女	中学高级	数学	20	顾老师
陈老师	女	中学高级	数学	10	赵老师
陈老师	男	中学高级	语文	34	李老师

二、研究方法

本研究作为理论指导下的教学应用研究，在研究过程中参考了国内外一些最新的相关研究资料，以期从广阔的视角把握研究思路和方向。此外，主要采用了行动研究中的嵌套准实验研究及案例研究等方法。

（一）行动研究

行动研究的概念可以追溯到 20 世纪初[①]。美国社会心理学家库尔特·勒温（Kurt Lewin）于 1946 年在《行动研究和少数民族问题》（*Action Research and Minority Problems*）一书中正式提出了行动研究的概念、功能和操作程序。50 年代初，美国哥伦比亚大学教育学院的斯蒂芬·科利（Stephen Corey）等人首先提倡用行动研究来解决教学中的问题。70 年代，英国教育家劳伦斯·斯坦豪斯（Lawence Stenhouse）的"教师作为研究者"（Teachers as Researchers）[②] 观点对行动研究得到普遍认同发挥了重要影响。

行动研究作为一种立足于课堂的研究方法和评价工具，具有定性研究及描述性研究的特点和实用性。整个行动研究过程包括"观察、计划、行动、反思"等环节，不断循环，螺旋上升。行动研究的主体是实践工作者，他们与理论工作者合作开展研究，通过观察，发现、厘清具体的教学实践情境中的问题和症结，遵循一定的研究规范，重视理论对分析问题的价值，制订解决问题的行动方案，然后经由实施、观察、调查、分析和反思，不断改进研究方案，直至问题得以有效解决。经过 50 多年的研究与实践，如今，行动研究已经成为教育教学改革、教师专业发展的有效方法和研究取向。

已有的研究表明，教师本体性知识与学生成绩之间几乎不存在统计学上的关系……本体性并非知识越多越好[③]。教师的条件性知识必须与实践性知识相结合，才能在具体的教育实践情境中发挥实效。因此，由交互式电子白板和即时反馈教学系统构建的低密度数字化聚合课堂教学环境，同普通教室里的课堂教学相比，其教育实践情境发生了变化，这种变化到底会对教师的教学理念、教学行为以及学生的学习状态、学习结果产生哪些影响，带来哪些变化？数字化聚合技术对改善课堂教学有哪些优势，又有哪些尚待改进之处？这一系列的问题都需要在具体的行动研究过程中一一解答。

基于以上观点，本研究主要采用行动研究的基本框架，由研究者和一线学科教师组成合作研究的主体，针对传统的黑板教学和多媒体投影教学中存

---

① Reason P，McArdle K L. Brief notes on the theory and practice of action research ［EB/OL］. ［2006-11-29］. http：//people. bath. ac. uk/mnspwr/Papers/BriefNotesAR. htm.

② Stenhouse L. An introduction to curriculum research and development ［M］. London：Heinemann，1975.

③ 熊川武. 试析反思性教学 ［J］. 教育研究，2002（2）.

在的问题，依据协同学习理论等教育信息化理论，制订利用交互式电子白板和即时反馈教学系统改善教学的研究方案，通过信息化教学设计、实验教学、课堂观察、课后评议与反思、方案改进、再行动等多轮循环，探讨有效的教与学策略和方法。

（二）准实验研究

为保证研究的真实性，本研究选择了实验学校的平行班，将其分别作为实验班和对照班，运用原始群体，在较为自然的情况下进行实验研究。

（三）案例研究

教学案例是教师教学行为的真实、典型记录，也是教师教学理念和教学思想的真实体现，因此是教育教学研究的宝贵资源。教学案例研究与具体的教育教学工作相结合，它着眼于解决教育教学过程中出现的真实问题，强调实践与反思，合作与分享，其最终目标是调整与改进教师的教育教学行为，增加教师的实践智慧，促进教师的专业成长。

本研究撷取数字化聚合环境中多学科教学的典型教学案例，对真实、完整的课堂的教学设计、基本过程、教学要点、课堂效果等做质性分析和概括，以反观数字化聚合环境对课堂教学产生的影响。

三、研究工具

课堂观察是课堂研究最经常使用、最基本的方法之一，也是适合于研究课堂情境的重要研究方法之一，能为教育决策与教育评价提供较为客观的依据。为保证实证研究的信度和效度，本研究将定量课堂观察和定性课堂观察相结合，利用以弗兰德斯互动分析系统（Flanders Interaction Analysis System，FIAS）为原型的基于信息技术的课堂互动分析编码系统（Information Technology-based Interaction Analysis System，ITIAS），对师生的言语互动进行定量分析研究，利用多种记录方式（如文本记录、视频记录等）定性课堂观察进行。通过综合运用课堂观察分析工具，客观真实地反映课堂教学的全貌，揭示课堂教学的本质。

此外，根据本研究的需要，一方面采用课后即时调查的方式（利用即时反馈教学系统——表决器采集数据），了解学生的认知水平、学习态度等结构化信息，作为考察和分析数字化聚合技术对教与学的影响的依据。另一方面，会同学科教研员，邀请实验学科的教师根据事先拟定的信息化教学评价标准进行课后反思，以确定教师在数字化聚合环境中开展教学的具体行动和策略的有效性。

对于获得的研究资料，通过 Office Excel 2003 将原始数据进行转换，在此基础上进行统计学意义上的分析和价值判断。

第二节 行动者的行动

本研究于 2005 年初计划启动，经过前期准备、研修培训后进入实验实施阶段，历时近两年。

一、前期准备

（一）时间安排

2005 年初—2005 年 5 月。

（二）研究任务

1. 文献研究

查找国内外关于交互式电子白板和即时反馈教学系统及其在课堂教学中的应用的研究资料。

2. 技术精熟

对国际国内主流的交互式电子白板和即时反馈教学系统技术产品进行实地实验室技术分析及应用操作，达到精熟运用水平。经综合比照分析，确定 VCM DPA2000 型交互式电子白板系统和 EZClick 即时反馈教学系统为本研究数字化聚合课堂教学环境的核心技术平台。

3. 编写教参

为指导实验教师熟悉、掌握交互式电子白板和即时反馈教学系统的相关技术及其教学基本功能，编译了《VCM 互动式电子白板使用指导手册》，编写了《VCM 互动演示平台简介》、《VCM 录课系统介绍》以及《EZClick 即时教学反馈系统简介》等约 2 万字的文本培训讲义，并制作了相应的演示文稿。同时搜集整理了部分案例视频光盘资料。

4. 选择学校

选择上海市普陀区两所九年义务教育建制的普通学校作为实验学校，其中，在 F 学校选择二、三、四、五年级的数学、英语和科学常识学科，在 Z 学校选择六、七年级的语文、数学和英语学科进行实验。

5. 制订计划

初步拟订本研究的课题实施计划。

二、研修培训

按照拟订的课题实施计划，对参与实验研究的两所实验学校的校领导、实验学科教师、学科教研员、有关的信息技术人员等进行研修培训。

（一）研修目标

研修培训的总目标是：以信息化教育理念为先导，以交互式电子白板和即时反馈教学系统技术的掌握为基础，研讨、反思课堂教学中的技术运用、师生互动、学生发展等问题，掌握基本的科学研究程序和方法，学会问题化的信息化教学设计，为今后进一步深入开展本课题研究奠定理论、方法和技术的基础。

（二）研修时间

2005 年 6 月下旬。

（三）研修形式

采用专家讲座、小组交流、合作研讨、上手操作、案例观摩、问卷调查等多种研修方式，贯穿参与式原则，强调双向互动、交流对话，达到触及情感、引发思考、达成共识、解决问题的效果。研修在由交互式电子白板和即时反馈教学系统构建的真实技术环境中进行。

（四）研修内容

整个研修内容由 4 个模块组成（见图 6-1），每个模块又由若干个活动构成，每个活动都强调参与者的积极互动。

1. 主题报告

以"基于互动技术的课堂协同理论与实践"为主题的专家讲座，帮助研修者拓宽视野，树立崭新的信息化教育理念。

2. 技术讲练

以"交互式电子白板与评价反馈技术"的讲与练相结合的形式，开展教学互动，通过实践操作帮助研修者掌握技术，提高技能应用水平。

3. 行动研究

以"课堂协同教学模式的三场合一"和"课题研究方案的制订及具体的研究方法简介"为内容，进行解读、研讨，明确本研究的研究目标、研究内容、研究方法和技术路线，提升研修者的研究能力，使其学会研究。

4. 教学设计

以"问题化教学设计"为主体，介绍信息技术支持的问题化教学设计的框架、内容、过程和方法，帮助教师学会信息化的教学设计，并在后续的研究实践中运用。

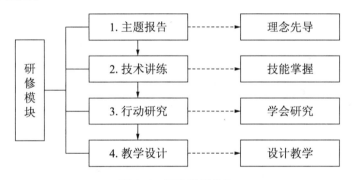

图6-1　研修培训模块

这种研修培训方式除了本研究前集中进行外，还要在后续实验研究的每个阶段、环节甚至细节中，根据研究情况不断生成研修专题，并有针对性地分散进行研修。

三、实验实施

正式进入本研究的实验实施阶段是在 2005 年下半年，主要的研究工作如下。

（一）构建数字化聚合技术环境，形成高互动教室

交互式电子白板和即时反馈教学系统作为数字化聚合课堂教学环境中的

新技术，其在教室中的空间布局不仅会影响两种技术的使用功能，而且最终还会影响课堂教学的整体有效性。为此，首先需要确定交互式电子白板和即时反馈教学系统在教室中的摆放位置，在优先保证两类技术使用功能的前提下，兼顾常规教室的环境布局，确保安全、实用、方便、卫生、美观，切实起到技术支持教学和环境育人的功效。

根据现有的研究资料和实际使用的经验，要构建一个低密度的数字化聚合技术环境，形成高互动的教室，一般应遵循如下安置要求。

1. 交互式电子白板的位置

根据我国的国情，一般教室中都固定有一块黑板（或书写绿板）居于墙面的中央位置。为了兼顾教师使用黑板的传统习惯，可将交互式电子白板固定在黑板的左侧或右侧的平行位置（依实际情况而定），以便教师单独或同时使用普通黑板和交互式电子白板。特殊情况下，也可将交互式电子白板安置在原先黑板的位置上。这样放置的益处如下。

（1）固定安装——安全

将交互式电子白板固定安装在与黑板同面的墙上，较移动式（或支架式）的安装显然更稳定、安全，避免了晃动带来的对人和白板的损害。同时，也省去了因白板位置的随意变化而需要校正的麻烦。

（2）视距不变——卫生

使交互式电子白板和黑板处在同一平面同一高度，与学生座位的相对位置不变，即视距不变，能确保每一个学生在教室的任何位置都能清晰地看到白板的工作面，符合学生用眼卫生要求。

（3）习惯使用——方便

由于只是在原先黑板的位置或其一侧安装了一块交互式电子白板，高度未变，也几乎没有占用教室空间，因此无论是教师还是学生都有足够的活动空间，像原先使用普通黑板一样到白板前进行书写、计算或绘画等操作，非常方便。

（4）黑白共存——兼容

并不是每节课都要用到交互式电子白板，所以，把交互式电子白板和黑板左右平行安置，黑白共存，根据教学的实际需要或单独使用或同时使用，兼有普通教室和互动教室的功能，使教室的使用功能明显增强，利用率大为提高。

2. 即时反馈教学系统的位置

即时反馈教学系统的硬件除了计算机以外，主要有教师和学生用遥控器、遥控接收器及其连接计算机的数据线缆。教师和学生用遥控器一般都放置在教师讲台和学生课桌上，质量轻，体积小，可以随意拿放或带走。需要重点考虑的主要是遥控接收器的安放。为避开教室内的照明灯管、房梁、投影仪或其他物品的遮挡，保证教室内任意位置都能接收到学生和教师按压发出的遥控信息，一般把遥控接收器固定在交互式电子白板的左上角、中间或右上角的位置，连接线缆按照建筑电气安装规范走线敷设，既要安全，又要美观。

3. 计算机的摆放位置

计算机可以依教师讲桌的位置而定，没有必要紧靠着交互式电子白板摆放。一般置于教师讲桌内或紧挨着讲桌的一侧。与计算机相连的投影仪和遥控接收器的连接线缆（包括网线），最好预埋或隐蔽敷设，以安全、美观为最佳。

4. 投影仪

交互式电子白板和即时反馈教学系统共用的投影仪为数字投影仪，为减少人影投射造成的干扰，保持投影仪与交互式电子白板的相对位置固定不变（一次校正后，可不再重复调整），同时，也为了使用安全、方便、可靠，投影仪一般都固定吊装在教室顶面，使用投影仪遥控器控制投影仪的开关和其他功能设置。

此外，为减少教室外的光线对交互式电子白板画面清晰度的影响，还要考虑在教室中靠近交互式电子白板的窗户上悬挂遮光窗帘。

本研究中的两所实验学校基本按照上述设置要求，在原先普通教室的基础上稍加改造，安置了交互式电子白板和即时反馈教学系统，构建了数字化聚合技术课堂信息化教学环境，实践证明其整体布局合理，非常实用、好用（见图6-2）。

（二）进行准实验研究设计，形成实验研究架构

根据本研究关注的核心问题，将课堂数字化聚合技术（主要指交互式电子白板和即时反馈教学系统）作为课堂信息化教学的主要自变量，考察分析其对教师教和学生学两个方面产生的影响和变化。尝试回答假设：课堂数字化聚合技术引入课堂教学，将促使教师转变教育观念，改善和提高信息化教学设计水平，优化教学过程，增强教学的有效性，实现高智慧的教学；学生将由被动接受式的学习，转向高投入性学习，在知识与技能、方法与过程、

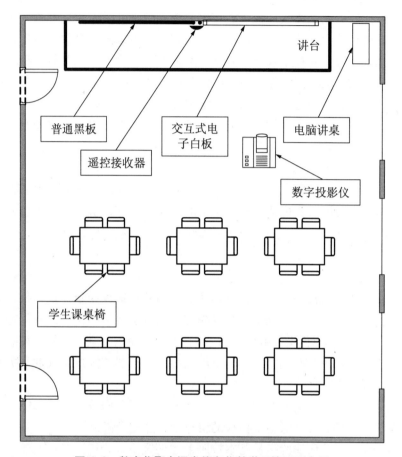

图6-2　数字化聚合课堂信息化教学环境平面布局

情感态度价值观等方面有显著的发展。

根据教育教学实验的特殊性，本研究采取准实验研究设计的方法，研究架构由控制变量、实验变量和因变量组成，各变量之间的关系如图6-3所示。

1. 控制变量

本研究涉及三类控制变量，即学生特质、教材性质、教师特质。实验班和对照班均采用相同教材，并由同一位教师进行教学，以便使控制变量保持一致。

（1）学生特质

本研究在同年级的两个或多个平行班中随机抽样，确定一个班为实验

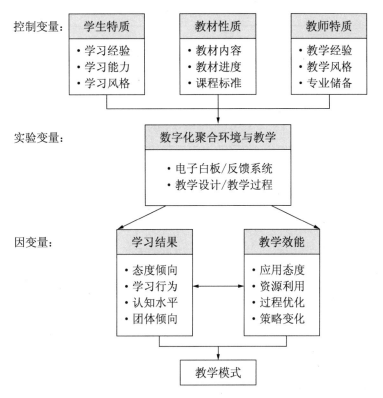

控制变量：

学生特质	教材性质	教师特质
·学习经验 ·学习能力 ·学习风格	·教材内容 ·教材进度 ·课程标准	·教学经验 ·教学风格 ·专业储备

实验变量：

数字化聚合环境与教学
·电子白板/反馈系统
·教学设计/教学过程

因变量：

学习结果	教学效能
·态度倾向 ·学习行为 ·认知水平 ·团体倾向	·应用态度 ·资源利用 ·过程优化 ·策略变化

教学模式

图6-3　准实验研究架构

班，另一个班为对照班。为切实掌握学生特质，避免影响实验结果，以实验前一学期（2004—2005学年第2学期）的期末考试成绩作为前测数据，结果显示两班学生特质大体相当，没有显著差异（见表6-4和表6-5）。

表6-4　Z学校前测数据

科　目	实验班：六（3），$n=35$		对照班：六（1），$n=33$		差异检验（Z值）
	平均分	标准差	平均分	标准差	
语文	74.64	8.93	73.87	9.07	0.35
数学	89.62	7.69	91.42	7.65	−0.97
英语	80.21	10.33	81.08	11.09	−0.33

注：$|Z|<1.96=Z_{0.05}$，$P>0.05$。

表6-5　F学校前测数据

科　目	实验班：四（1），$n=23$		对照班：四（2），$n=20$		差异检验（t值）
	平均分	标准差	平均分	标准差	
数学	85. 82	11. 72	86. 63	11. 66	-0. 01
英语	68. 68	13. 93	65. 05	14. 06	0. 04

注：$|t|<1.68=t_{(41)0.05}$，$P>0.05$；小学二年级科学常识（自然）课程采取的是等级评价，未进行实验班和对照班前测成绩比较。

（2）教材性质

实验研究过程中，实验班和对照班均使用上海市九年义务教育二期课改课本（试用本），其中英语使用的是牛津版教材，由同一位教师按照同样的教学进度进行课程教学。两班实施前测和后测的时间、工具均一致。

（3）教师特质

在本研究过程中，教师是影响教学成效的重要因素。参与本研究的实验学科教师均是师范院校专科或本科毕业，教龄在10年以上，具有小学高级、中学中级职称，专业知识和教学经验丰富，熟悉本学科相应学段的教学，能准确把握学程标准，专业素养较高。

2. 实验变量

本研究设计属于准实验研究，采取前后测实验设计模式。实验班在数字化聚合环境中进行教学，对照班则在原先所在的教室环境中维持其原来的教学做法。

（1）数字化聚合环境

本研究中的数字化聚合环境主要是指由交互式电子白板和即时反馈教学系统构建的课堂信息化教学环境，必要时辅以其他媒体，重点考察聚合技术功能及其应用方式对教师教学和学生学习的影响。

（2）教师教学

在数字化聚合环境中，教师如何进行信息化教学设计、组织教学、评价反思教学，这些因素终会直接对学生的学习结果和教学成效产生影响。

3. 因变量

从学生的学习结果和教师的教学效能方面获得本研究的实验结果，从中提炼出共同的要素，形成一定的教学模式。

（1）学习结果

学生的学习反应可从学习者个体的认知水平、态度倾向、学习行为和团体学习特征等方面加以分析。其中，学习者的认知水平可以从形成性测验和终结性测验中获得定量数据，其态度倾向、行为变化和团体特征可通过问卷调查、课堂观察做质性分析。

（2）教学效能

许多学者对教师的教学效能进行了深入的研究①，大多数学者认为教师的教学效能对教学有效性影响很大。综合教师本人、学科教研员的看法以及采用课堂视频分析工具获得的资料，从教师对应用数字化聚合技术的态度转变、教学资源的整合处理、教学过程的组织以及教学策略等方面，对教师的总体教学进行分析评价，以反观教师教学效能的变化。

（三）开展实验教学行动研究，取得研究数据

主要是开展行动研究，分阶段实施。在研究过程中，通过组织课题研修，向实验学校解读信息化教学范例，帮助设计实验方案，协助教师进行信息化教学设计和课堂施教、记录、分析、反思，以及指导研究分阶段实施等步骤，努力争取实现本研究各阶段的研究目标。具体的研究步骤如下（见图6-4）。

近两年的实验研究过程可以分为如下三个阶段。

1. 初步应用阶段

2005学年下半年，和两所实验学校的学科实验教师、技术人员、学科教研员等共同学习、观摩交互式电子白板和即时反馈教学系统优秀教学案例，强化技术操作，按照既定的常规教学计划和进度，选择教学单元，制订信息化教学设计方案，在实验班进行教学说课、试教、课堂观察、视频记录、课后评议、改进再教等教研活动。

在各方的共同努力下，教师、学生、学科教研员、技术人员对交互式电子白板和即时反馈教学系统的基本操作掌握较好，教学试教的反映良好，为后续的研究奠定了基础。本阶段共进行了三轮教学说课、试教和实验教学课

---

① 本部分参考：教师教学效能 ［EB/OL］. ［2006-10-22］. http：//www. cyut. edu. tw/～rtchang/ TeachEff. doc；何光全，张涛，王益. 国外教师效能研究 ［J］. 继续教育研究，2006（5）；花蓉. 教师教学效能感研究综述 ［J］. 江西教育科研，2006（7）.

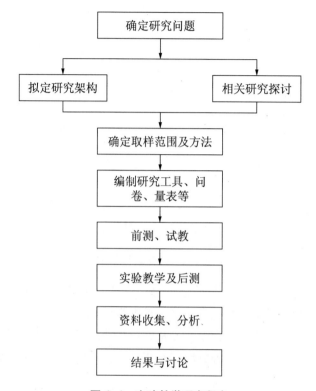

图6-4 实验教学研究程序

的研讨活动（见表6-6）。

2. 熟练应用阶段

本阶段从2006年2月开始，直至这个学期结束。同前一阶段研究不同的是，参与实验的学科教师已能熟练应用交互式电子白板和即时反馈教学系统，并能将之整合到日常的课堂教学中。在驾轻就熟的基础上，在普陀区和上海市范围内向同行做了展示汇报课（见表6-7），受到好评。

本阶段研究关注的是交互式电子白板和即时反馈教学系统如何结合使用并有效整合到教学活动中，两类技术对学科教学的教学目标、内容预设和生成、教学活动的串引、学习者的投入状态、学习结果、教师自我评价等的影响，主要利用对教师教学设计的方案、课堂教学观察、课后评议反思、学生随机访谈、课堂视频案例分析等形式，获得相应的研究数据，得出初步的研究结论。

表6-6 初步应用阶段教学研讨活动统计

序号	学 科	课题名称	时 间	执 教	活动形式
F学校第一轮	数学	角的初步认识	2005年10月11日下午1:15—1:55	顾老师	说课
	科学常识	骨骼和关节	2005年10月11日下午2:15—2:55	仲老师	说课
	英语	Friends!	2005年10月12日下午3:05—3:45	杨老师	说课
	数学	角的初步认识	2005年10月17日下午1:15—1:55	顾老师	试教
	科学常识	骨骼和关节	2005年11月7日下午2:15—2:55	仲老师	试教
	英语	Friends!	2005年10月27日上午8:50—9:30	杨老师	试教
	数学	角的初步认识	2005年10月18日下午2:15—2:55	顾老师	研讨课
	科学常识	骨骼和关节	2005年11月8日下午3:05—3:45	仲老师	研讨课
	英语	Friends!	2005年10月27日上午8:50—9:30	杨老师	研讨课
Z学校第一轮	数学	分数化小数	2005年10月19日上午8:50—9:30	赵老师	说课试教
	英语	Simon's journey to school	2005年10月19日下午1:15—1:55	陈老师	说课试教
	语文	动物世界单元	2005年10月19日下午2:05—2:45	李老师	说课试教
	英语	Simon's journey to school	2005年10月20日上午8:00—8:40	陈老师	研讨课
	数学	分数化小数	2005年10月20日上午8:50—9:30	赵老师	研讨课
	语文	动物世界单元	2005年10月20日上午9:45—10:25	李老师	研讨课
F学校第二轮	数学	平均数应用题	2005年12月1日下午1:15—1:55	顾老师	说课试教
	科学常识	磁铁	2005年12月1日下午2:05—2:45	仲老师	说课试教
	英语	Shape	2005年12月1日下午3:05—3:45	杨老师	说课试教
	英语	Shape	2005年12月8日下午1:15—1:55	杨老师	研讨课
	科学常识	磁铁	2005年12月8日下午2:15—2:55	仲老师	研讨课
	数学	平均数应用题	2005年12月8日下午3:05—3:45	顾老师	研讨课
Z学校第二轮	英语	Festivals in China	2005年12月1日上午8:00—8:40	陈老师	说课试教
	数学	生活中的数学——储蓄与借贷	2005年12月1日上午8:50—9:30	赵老师	说课试教
	语文	"山水之间"古诗单元	2005年12月1日上午9:45—10:25	李老师	说课试教
	数学	生活中的数学——储蓄与借贷	2005年12月5日上午8:00—8:40	赵老师	研讨课
	语文	"山水之间"古诗单元	2005年12月5日上午8:50—9:30	李老师	研讨课
	英语	Festivals in China	2005年12月5日上午9:45—10:25	陈老师	研讨课

续表

序号	学 科	课题名称	时 间	执 教	活动形式
F 学校第三轮	数学	简便运算复习	2006 年 1 月 5 日上午 8：50	顾老师	说课试教
	科学常识	野生动物	2006 年 1 月 5 日上午 9：50	仲老师	说课试教
	数学	简便运算复习	2006 年 1 月 6 日下午 2：15—2：55	顾老师	研讨课
Z 学校第三轮	英语	The Four Seasons	2005 年 12 月 7 日上午 8：00—8：40	陈老师	说课试教
	数学	不规则图形的面积	2005 年 12 月 21 日下午 2：00—4：00	赵老师	说课
	数学	不规则图形的面积	2005 年 12 月 29 日上午 8：50—9：30	赵老师	试教
	英语	The Four Seasons	2005 年 12 月 14 日下午 1：30—2：15	陈老师	研讨课
	数学	不规则图形的面积	2006 年 1 月 4 日下午 2：05—2：55	赵老师	研讨课

注：说课试教一般在对照班进行，研讨课在实验班进行，并进行课堂实录。

表6-7 熟练应用阶段教学研讨活动统计

序号	学 科	课题名称	时 间	执 教	活动形式
F 学校第四轮	科学常识	动物的种类	2006 年 5 月 9 日上午 8：00—8：40	仲老师	说课试教
	英语	Things around us 1	2006 年 5 月 9 日上午 8：50—9：30	杨老师	说课试教
	数学	垂线	2006 年 5 月 9 日上午 9：45—10：25	顾老师	说课试教
	英语	Things around us 3	2006 年 5 月 11 日上午 9：45—10：25	杨老师	研讨课
	数学	垂线	2006 年 5 月 11 日下午 1：15—1：55	顾老师	研讨课
	科学常识	动物的种类	2006 年 5 月 11 日下午 2：05—2：45	仲老师	研讨课
Z 学校第四轮	英语	Rules around us	2006 年 5 月 16 日下午 1：15—1：55	陈老师	研讨课
	语文	上海的弄堂	2006 年 5 月 18 日下午 1：15—1：55	李老师	研讨课
	数学	长方形中棱与棱位置关系	2006 年 5 月 30 日下午 1：15—1：55	赵老师	研讨课

3. 深入探索阶段

本阶段自 2006 年下半年至 2007 年年初，历时半年，主要是在总结先前教学研究实践的基本判断和经验的基础上，继续验证得出的初步结论，澄清尚未厘清的关系。具体包括：界定数字化聚合环境中信息场、活动场和情感场的本质内涵，以及三者关系和实在形式；揭示数字化聚合环境对学习者的学习结果、教师的教学效能产生的内在影响；总结归纳数字化聚合课堂信息化教学模式及其要素特征。

深入探索阶段研讨活动情况见表6-8。

表 6-8　深入探索阶段教学研讨活动统计

序号	学　科	课题名称	时　　间	执　教	活动形式
F 学校 第五轮	科学常识	鸟	2006 年 12 月 28 日上午 8:50–9:30	仲老师	研讨课
	英语	A day at school	2006 年 12 月 28 日上午 9:45–10:25	杨老师	研讨课
	数学	三角形的面积	2006 年 12 月 28 日上午 10:45–11:25	顾老师	研讨课
Z 学校 第五轮	英语	Jobs people do	2006 年 12 月 26 日下午 1:15–1:55	陈老师	研讨课
	语文	核舟记	2006 年 11 月 14 日下午 1:15–2:05	李老师	研讨课
	数学	图形的旋转	2006 年 12 月 26 日下午 2:15–2:55	赵老师	研讨课

第七章　效果评估：来自多维度的价值判断

第一节　对教师教学效能的影响

一、教师态度的转变

交互式电子白板和即时反馈系统作为数字化聚合技术介入课堂教学，对于教师来说，还是比较新的信息技术。他们对于将两类技术整合应用到教学中的态度和观念，直接影响到课堂教学效果的好坏。因此，在实验研究开始前和后续的研究中，笔者始终关注参与实验研究的教师对利用技术支持教学的态度和观念的变化。

2005年上半年，在研修培训阶段，本研究对参与研修的学科教师、教研员、信息技术人员做了随机个别访谈调查。结果显示，多数教师只是听说过或偶尔见过，但基本都没有亲自在课堂教学中应用过这两类教学技术，对它们感到好奇。经过研修培训和对优秀案例的学习观摩后，他们对这两类技术及其功能有了初步的感性认识，表示愿意在今后的教学实践中加以尝试。也有部分教师认为需要在教学实践中慢慢体会后，才能发表意见，现在不好说。这些情况说明教师对新技术的教学应用还处在观望、好奇阶段，技术的掌握和教学应用实效是他们最为关心的内容。

鉴于此，本研究首先帮助教师更新关于信息技术与教学的理念，信息技术的应用不会自然而然地创造教育奇迹，它可以被用于促进教育革新，也可以被用于强化传统教育，因为任何技术的社会作用都取决于它的使用者。积极的观点是，教育技术变了，教学方法也得相应变革。而教学方法的选择是由教师的教育观念所支配的，如果说信息技术是威力巨大的魔杖，那么教师就是操纵这个魔杖的魔术师。当前，课堂教学如果采用传统的教学方式，将存在许多弱点。例如：教学表现能力较为有限，基本上依靠口语和黑板表现教学内容；全班学生被迫以同样的速度学习同样的内容；教师无法了解每个学生的理解程度，无法向学生提供针对性的练习和即时的反馈等。利用技术手段特别是信息技术支持课堂中的直接教学，至少可以在以下方面使教学得到强化[①]：

一是利用多媒体演示，可以增强教学信息的表现能力；

二是利用计算机支持匀质分组学习，可以适应学生在学习速度方面的差异；

三是利用自动化练习手段，可以提供及时的反馈；

四是利用网络支持教学通信，可以使教师随时了解学生的学习动态，并促进学生之间的相互交流。

交互式电子白板和即时反馈教学系统作为数字化聚合新技术，在上述方面具有强大的技术优势，而且还具有以学生探索、交互性指导、带务实任务的多学科延伸模块、协同作业、教师作为帮促者、异质分组、基于绩效的评估等革新课堂的特征。这些方面的学习和理解，为教师从教育技术实用学的角度分析看待人机关系打下了坚实的基础，形成了在课堂教学中使用技术时应做到人机优势互补，把机器（各种媒体技术）所擅长的事留给机器去做，把人（教师）所擅长的事留给人去做的信息技术应用观。

在本研究后期，经过近两年的实践探索，参与研究的实践者有了新的认识，这些认识更多的是自己从实践体验中获得的理性认识。对此，笔者向参与实验研究的 6 位学科教师、6 位学科教研员再次做了问卷调查，问卷为 5 级里克特量式结构，以了解教师对交互式电子白板和即时反馈教学系统应用于课堂教学的总体反映。

问题：与课堂教学中传统的黑板加粉笔及多媒体投影相比，交互式电子白板和即时反馈教学系统功能强大，技术实用，优势明显，是信息技术与学科整合的有效工具。

---

① 祝智庭．信息技术在课堂教学中的作用模式：理论框架与案例研究［EB/OL］．［2006-02-04］．http://www.shtvu.edu.cn/zhzht/xinxizuoyongmoshi.htm.

　　本问题着重考查参与研究的学科教师、教研员经过整个研究阶段后，对交互式电子白板和即时反馈教学系统在教学中应用的总体性评判意见。调查结果表明（见表7-1）：无论是学科教师还是学科教研员，均认为与课堂教学中传统的黑板加粉笔及多媒体投影相比，交互式电子白板和即时反馈教学系统功能强大，技术实用，优势明显，是信息技术与学科整合的有效工具。

表7-1　总体性评判意见调查统计

评价对象	完全同意	基本同意	中　立	不太同意	不同意
教师（6人）	4	2	0	0	0
教研员（6人）	3	3	0	0	0

　　为进一步探究教师、学科教研员上述意见的根据，笔者又追加了三个析因性问题。

　　问题1：通过几轮施教后，您认为您主要使用了交互式电子白板和即时反馈教学系统的哪些功能？

　　问题2：您认为使用交互式电子白板和即时反馈教学系统改善教学的效果如何？

　　问题3：在今后的日常教学中，您对运用交互式电子白板和即时反馈教学系统进行教学抱有怎样的信心？

　　结果显示（见表7-2、表7-3、表7-4和表7-5）：每一位教师都在教学中使用了交互式电子白板的演示、书写、标注、拖曳功能，个别教师还使用了放大镜和构建个人化的教学信息资源库两项功能；每一位教师都认为即时反馈教学系统的导入教学、控制演示文稿反映、随堂测评等教学功能对改善教学效果"较为显著"，都对"在今后教学中应用交互式电子白板和即时反馈教学系统进行教学"表示"有信心"。

表7-2　6位教师使用交互式电子白板教学功能情况

教　师	演　示	书　写	标　注	拖　曳	放大镜	构建个人化的教学信息资源库
顾老师	√	√	√	√		√
仲老师	√	√	√	√	√	√

续表

教 师	演 示	书 写	标 注	拖 曳	放大镜	构建个人化的教学信息资源库
杨老师	√	√	√	√		√
陈老师	√	√	√	√		
赵老师	√	√	√	√		
李老师	√	√	√	√	√	

表 7-3　6 位教师使用即时反馈教学系统教学功能情况

教　师	导入教学	控制演示文稿播放	随堂测评	挑人作答	意见调查
顾老师	√	√	√		
仲老师	√	√	√	√	
杨老师	√	√	√		
陈老师	√	√	√		
赵老师	√	√	√		
李老师	√	√	√	√	√

表 7-4　6 位教师对使用交互式电子白板和即时反馈教学系统改善教学的效果的看法

教　师	非常显著	较为显著	一　般	不太明显	很不理想
顾老师		√			
仲老师			√		
杨老师			√		
陈老师		√			
赵老师		√			
李老师		√			

表7-5　6位教师对运用交互式电子白板和即时反馈教学系统进行教学的信心

教　师	更有信心	有信心	无所谓	不太自信	没有信心
顾老师		√			
仲老师		√			
杨老师			√		
陈老师		√			
赵老师		√			
李老师	√				

二、学习资源的有效利用

信息化教学设计强调要充分利用现代信息技术和信息资源，科学安排教学过程的各个环节和要素，为学习者提供良好的信息化学习条件，实现教学过程的全优化。交互式电子白板和即时反馈教学系统，为改进教学和实现信息技术与日常学科课程教学的深度整合提供了技术实现的可能性和"给养"，为实施信息化教学设计创设了更为广阔的空间。

课堂信息化教学中的学习资源是教师教学设计的重要内容，而学习资源只有与学习者所处的特定学习情境和学习活动绑定才具有实用价值[①]。面对众多的学习资源，如何适恰地将其与课堂数字化聚合环境相结合，从而为学习者的协作活动提供支持，使学习者在意义丰富的情境中主动建构知识，这是教师进行教学设计时必须首先解决好的问题。

在传统的"黑板+粉笔+书本"的教学环境中，教师的学习资源设计关注的往往是书本上知识点的呈现顺序、展开程度，由于使用的是低技术，教学策略和教学效果更多地依赖于教师的经验，课前进行的设计在课堂上可能会略有改动，但总体上对学习资源的处理是线性的、低效的，因此，师生在课堂上对学习资源的深度加工的空间有限。

在多媒体投影教学环境中，教师课前的教学设计主要围绕课件的制作或选择展开，如制作 PPT 演示讲稿，选择视频、音频或动画软件，利用学科教学软件（例如几何画板、虚拟仿真实验室等）制作相应的课件。在课堂上，

---

① 祝智庭，顾小清，闫寒冰. 现代教育技术：走进信息化教育［M］. 修订版. 北京：高等教育出版社，2005.

教师利用多媒体计算机及投影向学生展示这些预设的课件，帮助学生学习理解教学内容。这样预设的学习资源尽管有一定的跳转、链接，但互动性和动态生成性不够，教师无法根据学生的学习反应对预设的学习资源进行再加工，这是由学习资源环境的限制所致。

数字化聚合环境中的课堂教学设计，与传统黑板或多媒体环境中的教学设计不同。交互式电子白板和即时反馈教学系统特有的功能，使教师在进行教学设计时对信息化学习资源的预设和生成有了更大的自主权和享用权，特别是在教学重难点内容的预设和加工上，往往可以取得事半功倍的效果。

例如，Z 校李老师的六年级语文"动物世界"单元的第 2 课时——"海豚弗吉"①，其教学任务是：理清文章的层次、结构，尤其要关注以说明为主的一类文章的层次、结构特点。李老师确定了小学语文阅读和写作教学实践中经常遇到的难点问题：教师对习作方法讲了多次，比如文章的"开头—过程—结尾"用什么样的方法写，怎样写，这些都一一讲述得深刻透彻，甚至将整节课的时间都用于指导上，但往往收效甚微；学生的习作要么纯记叙，且只写某一方面，要么介绍的内容虽多但较杂乱，层次不清，段落不明。为有效解决这些问题，李老师在课前先让学生写一篇自己所熟悉的动物的文章，而后经批改选择其中两篇学生习作——一篇是"我家的小狗"，另一篇是"我家的小鸟"——制成 Word 文档，存于交互式电子白板内置的学习资源库中。课上，教师先展示其中一篇学生习作，师生共同分析，教师将反映段落大意的句子用白板笔的不同颜色做标注，结果，学生习作中存在的纯记叙且只写某一方面，介绍的内容虽多但较杂乱，层次不清，段落不明等通病都通过不同颜色的标注显现了出来，形似人的一张"大花脸"（见图 7-1）。

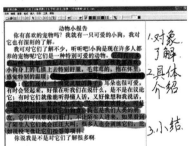

图 7-1　学生习作"大花脸"标注

---

① 详见本书第八章第一节。

之后，教师就课文《海豚弗吉》，重点分析"热情的陪泳员"这一部分的层次：课文从几个方面来突出弗吉是热情的陪泳员，这部分又有几个小节。因为这部分的层次很清楚，所以学生马上看出是从五个方面来写的，分了五个小节，一个小节写一个方面的内容。这时教师把其中某一小节的内容也用标注笔标上颜色，就形成了这样的一幅"图画"。

相对于前面的"大花脸"而言，这是一幅"纯净"的脸面。教师把前面的"大花脸"复制到这幅图中，这样就形成了比较鲜明的对比：左边是比较"纯净"的，而右边则是"花花绿绿"的（见图7-2）。

图7-2　"白净脸"与"大花脸"的比较

面对这样的对比，教师问学生：写作时，文章的结构层次应该怎样安排？学生马上回答：应该一个小节写同一个方面的内容，这一节的脸面应该是"纯净"的。

在接下来的教学环节，教师组织安排学生分组对另外一篇存在相似问题的学生习作进行修改，以提升和强化学生对作文结构的认知水平。

修改前的文章是这样的（见图7-3）。

图7-3　修改前层次不清的作文

学生当即在交互式电子白板显示的 Word 界面中讨论修改，教师按照学生的总体意见在交互式电子白板上操作，通过这种师生群体交互，一会儿工夫就完成了任务（见图7-4）。

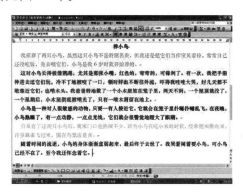

图7-4　学生修改后的作文层次分明

与以往这方面的课堂教育实践活动相比较而言，这次教学活动气氛活泼且轻松，不但教学效率高了，而且学生学习的热情与效果也得到了提升。课后教师做了统计，约85%的学生明白文章层次、结构的安排应当怎样做，而且知道该如何修改存在类似问题的文章。"大花脸"一词牢牢地渗透到学生心中，也成了作文写作理应避免的"层次不清"问题的代名词。

可见，与黑板或多媒体投影教学相比，交互式电子白板强化了预设教学资源的实用价值，扩展了教学动态生成的空间，创建了意义丰富的学习环境，使预设的学习资源由"死"变"活"，成为学习者协同内化、协同思维、协同建构的对象和工具，在师生互动的过程中，有效地支持了学习者主动建构知识，抓住重点，突破难点，达成学科的教学目标。这一点在本研究后期笔者对参与实验的学科教师和学科教研员的调查中也得到了确认，他们普遍认为交互式电子白板和即时反馈教学系统"为教师精心预设教学提供了更大的创新空间"（见表7-6）。

表7-6　对交互式电子白板和即时反馈教学系统
"为教师精心预设教学提供更大的创新空间"态度的调查统计

评价对象	完全同意	基本同意	中　立	不太同意	不同意
教师（6人）	5	0	1	0	0
教研员（6人）	3	3	0	0	0

三、对教学过程的影响

数字化聚合技术构建的课堂信息化教学环境对教学过程的影响，不同于传统教学和一般意义上的多媒体投影教学，它显著增加了教学的互动成分，课堂教学互动特征明显。

"互动"有广义和狭义之分。广义的"互动"是指一切存在于物质之间的相互作用与影响。本研究所指的是狭义的"互动"，是在一定社会背景与具体情况下，人与人之间发生的各种形式、各种性质、各种程度的相互作用和影响。它既可以指人与人之间相互作用和相互影响的方式和过程，也可以指一定情境中的人们通过信息交换和行为交换所导致的相互之间心理上和行为上的改变①。

"互动教学"是以狭义"互动"理论为基础形成的教学方式，概而言之，它是既能充分调动师生双方的积极性，增进课堂教学效能，同时又能培养学生情感态度、促进学生主体性发展的教学方式。互动教学的一个突出特征就是"参与性"，它通过强调教师与学生的双向交流，充分调动双方的积极性和能动性，从而活跃课堂气氛，使那些被压抑的潜意识中的能量冲破意识的阀门而释放出来，实现教与学两方面的最佳效益。

具体而言，互动教学有以下三个特点。（1）改变学生被动听讲的局面，学生参与教学活动的概率增加。互动教学能促使学生发挥主体性，使他们通过自己的积极思考领会所学知识，在参与中完成学习任务。（2）改变了教师传统的工作方式，即由"知识传授"转向"启发引导"。教师的工作重心由注重知识的传授转到调动学生课堂学习积极性和促进学生知识能力掌握这两方面来。（3）使"教"与"学"两方面的活动有机地统一起来。在课堂上的各种交互活动中，教师与学生相互呼应，师生间的距离得以缩小，从而有利于教学双方最佳状态的发挥。

总之，课堂互动教学力求通过师生互动、生生互动，充分彰显学生的主体地位，促使学生通过教学（激发学习兴趣，加强思维训练，强化教学参与，打破接受性教学和发现性教学之间的界限，使二者走向互补和融合，从而最终提高课堂教学质量）实现发展，培养学生的社会性品质，促进学生人格的成长。

---

① 庞丽娟. 教师与儿童发展 ［M］. 北京：北京师范大学出版社，2001：157.

例如，顾老师的一堂小学四年级数学课——"直线、射线和角"①，按照以往的课堂教学做法，由于教学手段的限制和教学理念的制约，在教师的单向主体性活动中，过于追求教学的最终效率，很容易将一堂概念课演绎成"满堂灌"的形式。在交互式电子白板和即时反馈教学系统构建的数字化聚合课堂环境中，顾老师通过形象生动的呈现工具吸引学生的注意力，并将抽象的数学知识具体化，给学生提供充分的从事数学活动的机会，搭建教师与学生、学生与内容以及学生与学生之间进行互动的平台，进一步提高学生在学习中的参与度与感悟水平。其具体做法如下。

片段一：利用交互式电子白板的拖曳、写画功能进行师生互动，建立直线、射线的概念。

本节课中，射线和直线这两个概念既抽象又易混淆，学生难以理解。过去只能靠语言的形象描述或借助生活中的现象做比喻，学生总是想象不出直线和射线中"无限长"的含义。为此，教师利用交互式电子白板的拖曳功能设计了这样一个动画：白板上先呈现一条线段，向一端延伸，成为一条射线，慢慢再延伸，射线越来越长。借助这样动态的演示，学生头脑中就会出现"无限长"的图景。讲直线时，将线段的两端向外延伸，帮助学生想象向两端无限延长的情景。这样做，将数学隐性知识显性化，形象直观，学生与学习内容直接交互，很快且很容易就建立起了正确的直线、射线的概念。具体过程如下。

白板呈现：

　　　　　　A　　　　　　　*B*

师：这条线称作什么？记作什么？

生：这条线称作线段，记作线段 *AB* 或线段 *BA*。

媒体显示：从线段的一端延长

　　　　　　A　　　　　　　*B*

师：现在这条线段怎样了？

生：延长了。

师：还可以再延长吗？还可以吗？

生：可以。

师：对，可以无限地延长。现在这条线还叫线段吗？（板书：射线）把

---

① 详见本书第八章第二节。

线段的一端无限延长得到一条射线。它记作什么？

生：记作射线 AB。（板书：射线 AB）

师：对，因为它从端点 A 出发向另一端无限延长，所以把它记作射线 AB。

白板又呈现：

师：这条射线记作什么？

生：射线 BA。（板书：射线 BA）

白板再显示：从线段的两端无限延长

师：还是射线吗？

生：不是。

师：我们把这条线称作直线。（板书：直线）记作什么？

生：直线 AB 或直线 BA。（板书：直线 AB 或直线 BA）

片段二：生生互动，教师帮促，全员参与，巩固新知。

在学生掌握了角是由一个顶点引出两条射线这一概念后，教师设计了一组判断练习题呈现在交互式电子白板上（见图 7-5），安排一位学生当"小老师"，由她来操作、点评，完成这项练习。

师：老师请一位同学来做小老师。

学生们纷纷举手，教师选了一位能力较强的学生。

小老师：同学们，你们看这个图形是角吗？手势准备，开始！

全班拍手表示正确。

小老师：你们都认为是正确的。（板书打"√"）谁来说说理由？

生：因为这个图形有一个顶点，两条边。

小老师：很好！那么，这幅图是角吗？

全班坐正表示错误。

小老师：你们都认为是错的。（板书打"×"）谁来说说理由？

生：因为这幅图没有顶点。

小老师：说得很好！那么第三幅图呢？

全班拍手表示正确，小老师板书打"√"。

小老师：第四幅图是角吗？

全班拍手表示正确，小老师板书打"√"。

小老师：最后一幅是角吗？

全班只有一位学生拍手表示正确。

小老师：请你说说理由。

生：我认为它是角，因为它有一个顶点和两条边呀！

小老师：可是它不是直的呀！（板书打"×"）

在对于最后一个图形的判断中，有一位学生出现了错误，这时"小老师"不知如何是好，用求助的眼光看着顾老师，于是，顾老师启发、帮助学生自己去进行评价与纠正，最后达成了对角的概念的正确认识。在这一教学环节中，生生之间是通过身体语言（无声姿态）、口头语言（有声姿态），如拍手击掌、眼神对视或应声回答、出声思考等，配合交互式电子白板的呈现和写画功能来进行主体间交互的，情趣盎然，生动活泼。

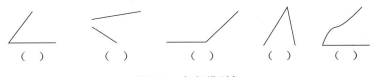

（　）　　　　（　）　　　　（　）　　　　（　）　　　　（　）

图7-5　如何辨别角

片段三：互动生成，突破难点。

本节课的难点是使学生理解角的大小同角的两边叉开的大小有关，与边的长短无关。为了解决这一难点，在以往的教学中教师通常采用实物操作：用两根木棒搭成一个角，拉动木棒，让学生观察角的变化。这一操作只能让学生直观地理解角的大小与两条边叉开的大小有关，却很难让他们理解角的大小与所画边的长短无关。运用交互式电子白板呈现平台与几何画板教学软件相结合，不但能够演示角叉开的大小，还可以随意地拉长或缩短角的两条边，让学生能直观地体验到角的大小与所画边的长短无关，教学难点也就迎刃而解了。具体过程如下。

白板呈现：（学生动手用学具搭一个角）

师：我们一起来拉一拉。（教师在白板上拖动角的一条边，使角变大）

　　　　两条边叉开得越大，角就怎么样？

生：角就越大。

师：（在白板上拖动角的一条边，使角变小）两条边叉开得越小，角就
　　怎么样？

生：角就越小。

白板显示：

师：哪个角大？

生：左边的角大。

师：你是怎么知道的？

生：因为左边的角叉开得大。

师：（把左边角的两条边缩短）现在哪个角大？

生：右边的角大。

师：是吗？请一位同学上来比较一下。

（一生在白板上拖动操作，发现还是左边的角大）

师：说明角的大小和所画的两条边的长短怎么样？

生：无关。

师：（把右边角的两条边延长）现在右边的这个角变大了吗？

生：没有。

师：对，因为角的大小跟角的两边叉开的大小有关，与所画的边长
　　无关。

　　片段四：动手操作，人机互动

　　心理学研究表明，儿童的思维是从动手开始的。教育家杜威强调"做中
学"。因此，要解决数学抽象性和学生思维形象性之间的矛盾，关键是靠具体
的操作与观察。当学生在学习过程中有所收获时，要给学生提供充分展示自己
的舞台，以提高学生学习的主动性和积极性。此时正是充分利用交互式电子白
板可操作性和直观性之时，也是学生化解认知冲突并体验成功的喜悦之时。

　　在学生掌握了比较角的大小的方法后，顾老师利用交互式电子白板的可
操作性这一优势，设计了一个找角的活动：屏幕上给出许多不同的角，让学

生找出其中两个相同的角；当学生通过观察找到初步的目标后，让他们到交互式电子白板上来运用所学的方法操作验证，得出肯定的结果。这样使学生在动手操作中观察，在观察中动脑，不仅能够切实掌握比较角的大小的方法，而且能够提高学生的思维能力，让学生亲身感受到学习的乐趣，成为学习的主人。

图 7-6　找角

综合学科教研员课后的评价性意见是：顾老师的这节课，充分利用了交互式电子白板的拖曳、写画、动画演示等功能，教学过程展开流畅、生动活泼；教师导学、助学，学生合作交流、角色扮演，台上台下师生互动积极，全员参与、全程参与、主动参与，氛围民主和谐，充分的预设和动态的生成有机结合，体现了教师主导、学生主体、深度互动、信息汇聚、集体思维、合作建构的协同学习理念。

四、对教学策略的影响

教师精心的"预设"使交互式电子白板为学习者个体和群体协同内化、协同思维和协同建构提供了学习反应信息汇聚的平台，教师可据此确定下一步的教学策略。但事实上，课堂始终是动态的课堂，世界上根本不存在一节完全按照教师的预设展开的课。预设与生成是教师教学策略选择始终回避不了的问题，苏联著名教育家苏霍姆林斯基说过："教育的技巧并不在于能预见到课堂的所有细节，而是在于根据当时的具体情况，巧妙地在学生不知不觉中做出相应的变动。"课堂教学中要处理好预设与生成的辩证统一关系，把预设与生成有机结合起来是一种教学艺术，也是绝佳的教学策略。

交互式电子白板和即时反馈教学系统，为教师精心预设和动态生成教学提供了教学策略决策的工具和依据。换言之，就是可以帮助教师及时准确地获得有关学习者"学情"的反馈信息，以学定教，做出诊断教学、矫正教学、导向目标的准确判断。

例如，李老师六年级语文第 7 单元"风俗世情"第 2 篇课文《上海的弄堂》的教学。课前李老师已安排学生：预习、熟读课文，解决遇到的生字、新词，圈画自己认为富有表现力的句子及词语，体味语言；遇到疑惑、不懂的地方在课文中做好标记并记录；思考上海的弄堂各有什么特点；从文中可以看出上海人生活有什么特点，并做简要的分析和总结。教师于课前将全班学生的思考意见汇总分类，共有 5 种不同意见，将它们输入即时反馈教学系统的备课系统，制成意见调查的选项。

李老师在课上首先利用交互式电子白板的互动演示平台，出示了 3 张有关上海弄堂的背景图片，导入教学，引导学生思考"上海弄堂里生活特点是什么"，要求学生用文中的语句阐述自己的观点。

接着，李老师启动即时反馈教学系统的授课系统，呈现学生的 5 种观点（见图 7-7），让学生根据自己的理解选答。

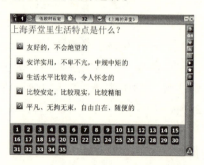

图 7-7 《上海的弄堂》反馈系统的使用

结果，有 2 名学生选择了选项 2，有 3 名学生选择了选项 4，其余 31 名学生选择了选项 5。教师根据学生的选项（学情）将学生分组，组织学生在组内展开讨论，从课文中找出具体的语句来陈述自己的观点。之后，教师组织学生小组展开竞赛，一组陈述本组的观点，其他小组的同学质疑、反驳或补充。在学生发言过程中，教师随时将学生提出的相关语句用标注笔做好批注，将学生发言的要点在白板上相应的地方记录下来。这一过程实际上是学生群体协作、协同思维、协同建构的典型过程。

对于学生有分歧、难以形成定论的认识，李老师不断地进行启发诱导、补充或纠正等，带领学生通过阅读课文（重点引导学生仔细阅读课文的第 3、5、6、11、12、13 小节，即细致刻画弄堂生活场景的语段、语句），仔细体味文中作者的语义。经过这样的互动之后，学生达成共识，上海人的生活特点是：安详实用，不卑不亢，不过分地崇尚新派。

最后，教师小结，布置课后作业（巩固、迁移）。

我们学习本文，基本上了解了作者笔下上海弄堂里的生活特点。这是出生于 1958 年的陈丹燕对于她所生活的那个年代的上海的理解。现在，尤其是近十年来，上海发生了翻天覆地的变化，同学们来看一个短片（播放《潭子湾的变化》短片）。这是上海变化的一个点，还有哪些变化呢？这需要同学们睁大自己的眼睛去观察、去发现，希望大家用手中的笔来写一写现在身边上海人的生活，写一写上海新的"风俗世情"，如果你们能保持这种良好的观察、发现的习惯，说不定你们当中也会产生出大作家来呢。

从李老师的这节课的教学过程来看，即时反馈教学系统的作用在于收集学生课堂学习反应信息，帮助教师决定下一步的教学策略（例如学生分组、问题讨论、小组合作、组间竞赛等活动策略），交互式电子白板则主要是呈现、汇聚学生—内容互动学习的过程和结果，用书写、标注功能不断地丰富和完善学生协同建构的思维制品，最终实现教学目标。可见，交互式电子白板和即时反馈教学系统不单是信息呈现、汇聚、加工的工具，同时也是教师和学生协同教学的平台和资源。及时准确地反馈信息有助于教师确定最佳的教学策略，提升学习绩效，提高教学的有效性。

其他学科的实验教师也有类似的做法，本研究对数十节试讲课、研讨课中教师使用即时反馈教学系统的成功经验进行了如下归纳。

（一）即时反馈教学系统的题目设计

1. 题目应注意层次的划分

反馈题目设定的目的首先是完成本节课的任务，所以，无论是对先前学习内容的温故知新，还是对当堂课内容的强化迁移，所出的题目都要遵循布卢姆对认知领域学习目标的层级划分，以全面掌握学习者的认知状况和水平。

2. 题目设计要目的明确

在设计题目时，要明确每道题目的指向和用意，或者是突出强化教学重点，或者是突破化解教学难点，抑或是创设情境，引发动机，举例验证，建立概念，延伸拓展，启发思维。

3. 题目设计要坚持两个原则

（1）全面性和层次性相结合的原则

全面性原则，指题目设计既要考虑知识要点的全面性，不能以偏概全，又要考虑全体学生，让每一个学生都有答对的机会。

层次性原则，指题目设计既要有由易到难的层次过渡，又要考虑学生理解能力的差异，针对不同层次的学生设计不同难度的题目。

可以先请一些学习有困难的学生回答比较容易的问题，再由中等学习成绩的学生回答中等难度的问题，而那些高难度问题可由学习成绩好的学生回答，从而让班上每个学生跳一跳都可摘到果子。

（2）稳定性、灵活性、系统性相结合的原则

基本题设计保持结构的稳定性；变式题设计训练思维的灵活性；综合题设计注意知识的系统性。

（二）即时反馈教学系统应用的基本模式

第一步，用即时反馈教学系统检测上节课学习情况，对出现的问题进行集中讲解；

第二步，用即时反馈教学系统检测预习效果；

第三步，实施正常的课堂教学；

第四步，检测课堂教学效果，集中解决出现的问题；

第五步，延伸拓展。

当然，教师还可以根据自己的教学特点和学生的学习情况灵活地运用。

（三）即时反馈教学系统的最佳作用时机

确定即时反馈教学系统最佳作用时机是指在教学设计中，根据教学内容，帮助学生保持良好的学习心理状态，保证学习有效地进行，并最终实现教学目标。

确定最佳作用时机可从以下几个方面考虑：

第一，有意注意与无意注意的相互转换；

第二，抑制状态向兴奋状态的转化；

第三，平静状态向活跃状态的转化；

第四，兴奋状态向理性状态的转化；

第五，从有畏难情绪到增强自信心的转化。

总之，利用即时反馈教学系统获取反馈信息，对于学生而言可以强化正确观点，改正错误，找出差距，改进学习方法，对教师来说可以及时掌握教

学效果，有利于及时调控，改进教法。在教学中应用即时反馈教学系统，能使师生间相互及时传递信息，使信息量得以控制，取得最佳效果。

第二节 对学生学习的影响

数字化聚合课堂信息化环境作为低密度配置的技术环境，为学习者投入型学习①提供了丰富的"给养"。

一、学生学习态度倾向性的转变

交互式电子白板和即时反馈教学系统用于日常的课堂信息化教学，对于教师而言是新的教学授递环境，对于学生而言则是新的学习环境。本研究结束之际，笔者对两所学校实验班学生（共 86 名学生）进行了问卷调查②，旨在了解学生对于在或不在这样的数字化聚合环境中学习的总体感受的变化。调查数据是通过即时反馈教学系统获得的，经 Office 2003 Excel 处理后得出如下结果（见表 7-7 和图 7-8）。

表 7-7　实验班学生实验后学习态度倾向性调查结果

调查序号	选项1		选项2		选项3		选项4		总　计	
	人数	百分比	人数	百分比	人数	百分比	人数	百分比	人数	百分比
1	57	66.28	27	31.40	1	1.16	1	1.16	86	100
2	30	34.88	42	48.84	11	12.79	3	3.49	86	100
3	44	51.16	24	27.91	6	6.98	11	12.79	85	98.84
4	49	56.98	29	33.72	5	5.81	2	2.33	85	98.84
5	49	56.98	27	31.40	6	6.98	3	3.49	85	98.85
6	70	81.40	16	18.60	—	—	—	—	86	100
7	67	77.91	19	22.09	—	—	—	—	86	100
8	54	62.79	32	37.21	—	—	—	—	86	100

---

① 胡小勇. 信息化教学中的投入型学习研究 [J]. 中国电化教育, 2003 (10).

② 问卷中用"表决器"指代即时反馈教学系统，以利于学生理解。

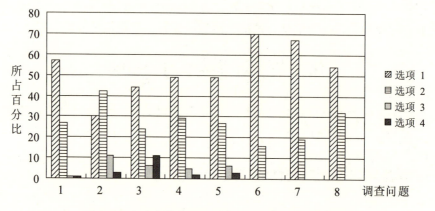

图7-8 实验班学生实验后学习态度倾向性调查结果

调查问题1：和以前的课堂学习相比，你喜欢老师用交互式电子白板和表决器上课吗？

本问题设置了4个选项，选项1—4分别为非常喜欢、喜欢、不太喜欢、很不喜欢。结果有66.28%的学生明确表示"非常喜欢"，31.40%的学生表示"喜欢"，表示不太喜欢和很不喜欢的学生比例不到3%。这清楚地表明实验班学生更愿意在由交互式电子白板和即时反馈教学系统构建的课堂信息化环境中学习。

调查问题2：在这样的课堂上学习，你会感到紧张吗？

本问题也同样设置了4个选项，选项1—4分别为很舒畅、轻松、紧张、非常紧张。学生选择4个选项的百分比依次为34.88%、48.84%、12.79%和3.49%。数据表明绝大多数学生对在这样的课堂上学习感到舒畅、轻松，仅有不到16%的学生表示有紧张感。

调查问题3：老师用白板和表决器上课，你感到很兴奋吗？

本问题是对调查问题2的进一步核实，以便确定学生紧张的程度，调查同样设置了4个选项，选项1—4分别为很兴奋、兴奋、不太兴奋、无所谓。数据表明有约80%的学生对教师用交互式电子白板和即时反馈教学系统进行教学感到兴奋，其余学生感到不太兴奋或无所谓。

调查问题2和3的结果说明，教师利用交互式电子白板和即时反馈教学系统进行课堂教学，较以往的课堂教学环境更有利于唤醒学生学习的主体意识，使其保持较高的注意状态投入学习。

调查问题 4：你乐意在白板上操作和用表决器回答问题吗？

针对本问题，有 56.98% 的学生表示非常乐意，33.72% 的学生表示乐意，约有 8% 的学生表示不太乐意或不愿意。显然，绝大多数学生愿意在交互式电子白板上动手操作，用即时反馈教学系统表达意愿和知晓自己的学习结果。

调查问题 5：上完这样的课，给你留下了怎样的印象？

本问题的调查结果与上述几个问题相似，同样有约 90% 的学生认为，在由交互式电子白板和即时反馈教学系统组成的数字化聚合环境中学习，给自己留下了很深的印象。这表明在这样的课堂教学环境中的教学对学生的长时记忆作用持久。

调查问题 6：你觉得上这样的课，给你的学习带来了哪些变化？
调查问题 7：这样的课堂对你的学习理解有什么影响？
调查问题 8：上这样的课，你在课堂上的表现怎样？

上述三个问题各有 2 个选项，结果表明：超过 80% 的学生感到"课堂学习的内容更加形象生动了"，约 80% 的学生表示学习内容"更容易理解和掌握了"，超过 60% 的学生在这样的课堂上"更愿意参与课堂讨论和回答问题了"。

可见，针对学生的上述调查结果充分表明：交互式电子白板和即时反馈教学系统作为课堂信息化教学的新技术，构建了数字化聚合的教学环境，对学生学习主体意识的激发、学习情感投入状态的呵护起到了显著的增效作用。

二、对学生课堂学习方式的影响

《基础教育课程改革纲要（试行）》强调的"知识与技能"、"过程与方法"、"情感态度与价值观"三方面要求实际上又可分为"结果性目标"和"体验性目标"两大类型。结果性目标主要反映学生对"知识与技能"的掌握情况，而体验性目标则主要反映"过程与方法"、"情感态度与价值观"等目标领域的要求，这两大类型的目标达成情况最终取决于学习者主体学习方式的变革。学习方式是学生在完成学习任务过程中的学习行为和认知取向，积极、主动的学习方式是自主、合作、探究学习。

数字化聚合课堂信息化环境为学生改变单一的记忆、接受、模仿的被动学习方式，转向主动参与、亲身实践、独立思考、合作探究的学习方式提供了丰富的环境和条件。它有助于减少学生的课堂问题行为（Problem Behavior），引发学生积极主动的投入性行为，使学生学习的参与状态、交往状态、思维状态、情绪状态、生成状态保持较高的水平。

在本研究过程中，笔者借鉴国外课堂观察的有关研究，与学科教研员一起制定并修改使用了"课堂观察表单"，对实验班和对照班的课堂教学做了大量的现场观察记录，重点观察学生的课堂行为表现。在研究后期又结合32节研讨课的课堂视频，运用ITIAS①做进一步分析，结果如表7-8所示。

数据显示，在采用数字化聚合技术的实验班课堂教学中，学生学习活动的指标明显高于对照班，尤其是教师、学生利用技术进行教与学的比例更是高出对照班10%以上，表明交互式电子白板和即时反馈教学系统作为"教师—学生—内容"互动教学的资源、工具和平台的作用非常明显，实验班学生较对照班学生有更多的课堂互动参与机会，更能主动地参与课堂教学互动，学习主动性更强。

表7-8 基于ITIAS的课堂观察分析结果

分类		编码	表述	实验班		对照班	
				频次	百分比	频次	百分比
教师言语	间接影响	1	教师接受情感	16	1.71	14	1.61
		2	教师鼓励表扬	18	1.92	16	1.83
		3	采纳意见	15	1.60	22	2.52
		4	提问开放性的问题	57	6.08	22	2.52
		5	提问封闭性的问题	89	9.50	146	16.74
	直接影响	6	讲授	154	16.44	235	26.95
		7	指示	20	2.13	38	4.36
		8	批评	0	0.00	2	0.23
学生言语		9	应答（被动反应）	98	10.46	176	20.18
		10	应答（主动反应）	96	10.25	24	2.75
		11	主动提问	36	3.84	18	2.06
		12	与同伴讨论	112	11.95	60	6.88

（教师言语实验班合计39.38，对照班合计56.77；学生言语实验班合计36.50，对照班合计31.88）

① 顾小清，王炜. 支持教师专业发展的课堂分析技术新探索［J］. 中国电化教育，2004 (7).

续表

分类	编码	表　述	实验班			对照班		
			频次	百分比		频次	百分比	
沉寂	13	无助于教学的混乱	1	0.11		2	0.23	
	14	思考问题	25	2.67	5.23	8	0.92	2.52
	15	做练习	23	2.45		12	1.38	
技术	16	教师操纵技术	59	6.30		65	7.45	
	17	学生操纵技术	44	4.70	18.89	6	0.69	8.83
	18	技术作用于学生	74	7.90		6	0.69	
总　计			937	100.00		872	100.00	

三、对学生团体认知学习水平的影响

考察学生认知学习水平的变化，主要是对实验班与对照班学生的测验成绩进行分析、判断。以下数据根据两所实验学校 2006 年学期末成绩比较而来（见表 7-9 和表 7-10）。

表 7-9　Z 学校实验班与对照班后测差异显著性检验

科　目	实验班：七（3），$n=35$		对照班：七（1），$n=33$		差异检验 Z 值
	平均分	标准差	平均分	标准差	
语文	76.26	6.48	66.32	8.75	5.29
数学	93.97	3.58	73.88	18.46	6.14
英语	92.06	4.01	70.82	21.11	5.68

注：$|Z|>1.96=Z_{0.05}$，$P<0.05$

表 7-10　F 学校实验班与对照班后测差异显著性检验

科　目	实验班：五（1），$n=23$		对照班：五（2），$n=20$		差异检验 t 值
	平均分	标准差	平均分	标准差	
数学	89.50	7.84	88.73	7.37	0.02
英语	75.83	11.33	67.70	14.04	0.10

注：$|t|<1.68=t_{(41)0.05}$，$P>0.05$；小学二年级科学常识（自然）课程采取的是等级评价，未进行实验班和对照班前测成绩比较。

实验班与对照班均采用相同的试题进行测试并集中评阅，按百分制评分。

从实验班与对照班学生期末测试成绩的分数分布可以看出：在数字化聚合环境中教学的实验班成绩总体上高于对照班，尤其是 Z 学校语文、数学、英语三科实验班成绩均明显高于对照班，差异非常显著。F 学校实验班数学、英语成绩与对照班的差异经 t 检验虽不显著，但结合前测情况来看，其提高幅度总体上明显高于对照班。

由于实验班和对照班的教师为同一学科的同一位教师，且学生情况基本一致，教学时间、课后练习基本相等，所以这种差异可以推断不是由非本质原因促成的，而是由教师所在的教学环境的不同及所采取的教学策略和教学方法的改变导致的。即实验班在数字化聚合环境中进行教学，学生的学习成绩因此得到提高，优于对照班。

第三节　形成数字化聚合课堂信息化教学新模式

一、建构数字化聚合课堂信息化教学系统框架

本研究通过 5 轮的教学实验研究，经过理论学习、课堂实验、课堂观察、定量分析、抽象概括、回归课堂、反复验证等研究环节，凝练形成了数字化聚合课堂信息化教学系统框架（见图 7-9）。

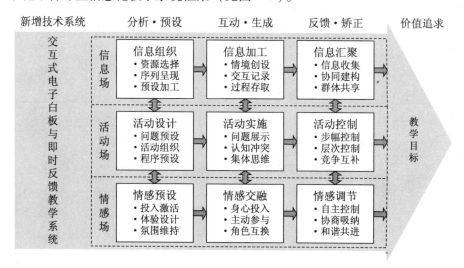

图 7-9　数字化聚合课堂信息化教学系统框架

数字化聚合课堂信息化教学系统框架在空间维度上，将课堂教学系统划分为彼此关联的信息场、活动场和情感场，并使之与课改三元目标——知识与技能、过程与方法、情感态度与价值观——一一对应；在时间维度上，将教学系统分解为"分析·预设"、"互动·生成"、"反馈·矫正"三个前后衔接但指向性又有所不同的教学阶段，在由交互式电子白板和即时反馈教学系统支撑的学习环境中，三个阶段协同共进，最终达成教学目标。

教学实践研究证明，该系统框架在信息化教学设计阶段，对于教学目标、教学内容/资源、教学过程、教学评价、教学环境、技术支持（考虑信息技术因素）、教学效果等因素的优化设计，起到了明显的定位和指导作用。

通过多轮的教学实验，笔者提炼总结出数字化聚合课堂信息化教学系统框架的空间要素和过程要素及其特征（见表7-11）。

表7-11　数字化聚合课堂信息化教学系统框架要素分析

结构要素	过程要素	内容要素	特征描述
信息场	信息组织	资源选择	根据教学需求确定课堂教学的信息资源
		序列呈现	根据教学内容编排信息的呈现序列（线性、树形等）
		预设加工	针对教学活动对信息资源进行本课化教学处理，便于学生加工信息
	信息加工	情境创设	创设源于学生生活、促进学生理解、有利于交互的形象化情境
		交互记录	以白板为交互的中心，留下交互、加工的痕迹
		过程存取	根据教学进程需要，随时对记录的内容进行存取
	信息汇聚	信息收集	通过互动留下的痕迹，对过程信息的准确描述与书写（如学生的问答、小声自言自语等对教学任务完成有意义的内容），互动反馈的过程性、诊断性评价等信息，以及上述信息的管理过程
		协同建构	学习者参与同一问题的解决，并对生成的信息进行加工
		全体共享	再现或展示建构的过程与结果

结构要素	过程要素	内容要素	特征描述
活动场	活动设计	问题预设	根据教学内容进行问题设计，要有利于层次教学
		活动组织	对问题解决的形式（个体、小组、群体，游戏、对话、阅读、表演等）的选择与安排
		程序预设	根据内容和学生水平，安排问题序列和时间
	活动实施	问题展示	根据设计和反馈呈现问题，对问题的陈述明确、具体
		认知冲突	由问题产生，与原认知结构的认知差异
		集体思维	所有学习者（每位学习者）共同解决问题的过程
	活动控制	步幅控制	提供同层次的不同活动
		层次控制	提供深层次的交互活动
		竞争互补	同一问题的再次深度交互
情感场	情感预设	激活预设	问题导入设计，激发学生的兴趣
		体验设计	在活动过程与方式中，关注对方法、态度、成功的体验
		氛围维持	群体作用方式，互助与竞争
	情感交融	身心投入	接受问题，投入行动的驱动力
		主动参与	对解决问题过程的认同，外显为行动
		角色互换	接纳他人，换位思考
	情感调节	自主控制	面对困境，保持注意，培养毅力——教学中的刚性
		协商吸纳	面对阻碍，学会求助，学会交往——教学中的柔性
		和谐共进	面对顺境，学会助人，学会施援——教学中的谐性

二、形成数字化聚合课堂信息化教学模式

综合本研究教学实验课的教学过程、教学策略，并经过多次的求证、修改和总结归纳，可以概括出利用交互式电子白板和即时反馈教学系统进行数字化聚合课堂信息化教学的基本模式（见图7-10）。

本模式以问题化教学为主线，其针对每一问题的解决过程包括：问题与情境的呈现；问题解决过程的教学互动与集体建构知识的教学生成；就解决问题的程度进行反馈判断及对教学过程的矫正；通过互动调控学习流程的走

向，直至实现教学目标。

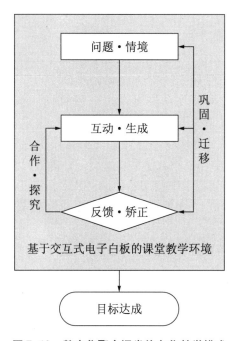

图7-10 数字化聚合课堂信息化教学模式

（一）理论依据

本模式以协同学习理论揭示的学习技术系统为架构，以信息技术支持的问题化教学设计为行动指南，通过问题驱动、评估导向、合作探究，最终达成教学目标。

问题化教学设计的理论要点是：以一系列精心设计的类型丰富、质量优良的有效教学问题（教学问题集）来贯穿教学过程，培养学习者解决问题的认知能力，促进其高级思维技能的发展，实现其对课程内容的持久深入理解。"信息技术支持"的问题化教学是指在信息化背景下，谋求整合信息技术的强大功能，从而支持问题化教学并提升其效果①。

问题化教学倡导的先进理念如下。

（1）在课程改革背景下，教学中的问题质量对于提升教学效果，培养学

---

① 胡小勇. 问题化教学设计：信息技术促进教学变革 ［D］. 上海：华东师范大学，2005.

习者的认知能力和高级思维技能具有极其重要的意义。构建一种由信息技术支持的新型问题化教学设计模式，将有助于贯彻基础教育课程改革理念，为学科教学的创新实践服务。

（2）通过设计质量优秀的教学问题集，在技术丰富的信息化环境中以解决教学问题、达成教学目标为导向，并通过增强学习过程的投入性、学习任务的真实性、学习活动的互动性以及提供各种助学支架等来实现问题化教学。

（3）教学资源对问题化教学有重要的支持作用。教学者应该从教学目标、学习者特征、教学环境、教学活动、交互性等方面来设计教学资源。

（4）通过在问题化教学中使用各种信息技术，将其作为设施环境、教和学的工具，资源载体或评价手段等，能够优化和提升问题化教学的实施效果。

（5）信息技术支持的问题化教学具有强大的学科教学实用性，能够在基础教育课程改革实践中进行更为深入的推广应用。

（二）教学目标

应用基于交互式电子白板的课堂协同教学模式的基本目的就是要达到学生的"两个发展"：全面发展，全体发展。全面发展是指每位学习者在信息技术支持的和谐民主的课堂氛围中，在知识与技能、方法与过程、情感态度与价值观三个方面都有发展；全体发展则是指课堂教学既面向全体，谋求学生团体的整体进步，又兼顾个别差异，创造学会学习的平等机会，通过教师—学生、集体—个体、情境—内容的协同建构以及有意义的学习，使每一位学习者都能够达到甚至超过课程标准要求的水准。

（三）操作程序

本教学模式理论上的三个空间（信息场、活动场、情感场），实际上是在时间维度上体现出的三个过程或阶段。

1. 第一阶段：分析·预设——创设问题情境

本阶段的"分析·预设"主要是指教师在信息技术支持的问题化教学设计阶段，考虑教学内容的信息加工（转换成对学习者最有效的刺激）、学生学情分析、问题化教学活动序列的设计安排、学习者学习动机的激发、教学目标的设定与评价等预案工作，为教学做好心理上和物质上的充分准备。本阶段的要求是：透彻分析，精心预设。

本阶段的教学步骤如下。

（1）教师呈现问题与情境。创设和谐的课堂氛围，把问题隐藏在情境中，在情境中提出问题，以引起学生的探究兴趣，导入教学。

例如语文课"海豚弗吉"，其教学目标之一是帮助学生理解文章的结构和层次，这是作文教学的一个难点。针对学生普遍存在的文章结构混乱、层次不清的问题，教师一改以往直接教学的做法，精心设计，选用了任教班级学生的两篇有代表性的"习作"，围绕文章的段落大意，利用交互式电子白板的展示、标注功能，描画了"大花脸"的图像，提出了文章的结构和层次问题，从而比较真实、自然地导入教学，激发了学生学习的兴趣，也为课文的学习奠定了理解的基础。

（2）学生投入，思维定向。开启注意的门户，建立新旧知识间的联系（由感觉登记进入短时记忆，唤起长时记忆，长时记忆对感觉登记进行识别，过滤无效信息，并对当前注意信息进行初步加工），帮助学生接受新的学习挑战。

例如数学课"生活中的数学"，教师选择生活中的储蓄与借贷问题，在交互式电子白板上展示一张到期的存款利息清单作为问题情境导入教学，引导学生探究其中的数量关系。教师启发学生利用以往的数学知识（长时记忆），逐步尝试了解本金、利率、利息、利息税、期数、税后本息和等数量间的关系（当前任务定向），为学生观察、思考、解决问题提供了支架，容易激发学生运用所学迎接新的学习挑战的欲望。

2. 第二阶段：互动·生成——展开互动教学

本阶段的"互动·生成"是指借助互动技术，实现教师—学生—内容深度互动，合作探究，解决系列问题的互动教学展开过程。本阶段的要求是：多向互动，动态生成。

本阶段的教学步骤如下。

（1）学生针对问题，展开多样的合作探究活动（尝试解决问题）。

例如科学常识课"鸟"，教师在播放了9类不同鸟的生活片段后，提出问题："从头到脚观察，鸟类的形态特征有哪些？"学生分组观察本组鸟的标本，合作学习，各组先后尝试回答教师提出的问题，教师出示一张海鸥的图片，在交互式电子白板上标注鸟的形态部位。

（2）教师启发诱导，聚焦问题，引发认知冲突（汇聚集体思维）。

例如科学常识课"鸟"，教师继续提出问题："鸟类的形态特征和它们的飞行生活是怎样相配的？"学生分组讨论，教师倾听，进行启发。有学生回答：鸟能飞行，是因为羽毛轻。教师抓住学生的这一回答，追问是不是这样，并指示学生拿出毽子，拔出一根羽毛仔细观察，果然羽毛内部是中空的。还有部分学生回答鸟的体型的特点，如翅膀较大等。教师在与学生不断的对话互动过程中，引导学生观察、思考，并将学生的思维结果标注在交互式电子白板上，直至最终获得正确的新知。

3. 第三阶段：反馈·矫正——评估导向目标

本阶段的"反馈·矫正"是指对于每一学习任务（合作探究解决问题的活动），师生均通过即时反馈教学系统进行形成性评价，将结果信息呈现、记录在交互式电子白板上，教师根据反馈结果，对学生整体和个别学习者的学习水平做出判断，对存在的问题提供补偿教学，直至问题解决，引领大家将新认知应用于新的问题情境，巩固新知，实现迁移。经过循环递进，最终实现教学目标。本阶段的要求是：即时反馈，矫正学习。

本阶段的教学步骤如下。

（1）教师呈现问题信息，学生做出应答反应；

（2）教师利用即时反馈教学系统汇聚学生学习反应信息，并将其呈现、记录在交互式电子白板上；

（3）师生共享反应信息，评估、矫正问题，获得新知；

（4）教师呈现新的问题情境，学生运用新知识解决问题，巩固迁移；

（5）教师收集学生反应信息，师生总结拓展，达成教学目标。

例如科学常识课"鸟"，在师生完成了有关鸟的飞行生活的学习任务后，围绕"鸟与环境相适应的喙"的问题，教师利用表决器先后呈现出三个问题："你能根据鸟的生活环境来推测它的喙的形状吗？反过来行吗？现在就来猜猜。""这是什么鸟？它生活在怎样的环境里？猜猜它的喙的形状。""这是什么鸟？它生活在怎样的环境里？猜猜它的食物。"学生根据课堂所学，按动手中的表决器做选择性回答。教师针对学生的选项，或面向全体学生，或针对学生个体，通过播放录像来对学生的错误选项进行质疑、答疑，在此基础上与学生一道交流要保护好鸟的生活环境。这样的教学活动起到了巩固、迁移及深化教学主题的作用。

上述三个阶段同样体现了问题循环的基本过程。

（四）运用策略

本教学模式经实验教学验证，可适用于基础教育各学科各学段的常规课堂教学，无论是单一课，还是综合课，在由交互式电子白板和即时反馈教学系统构成的低密度技术环境中，都能有效整合多种资源，开展信息化教学。教师在课堂教学中能根据教学需要，随时在"教师中心"和"学生中心"之间转换，实施高智慧性的教学。在运用本模式时，教师既要注意发挥交互式电子白板信息汇聚、记录保存、动态生成、为学生学习提供必要的支架和资源的教学功能，又要善用即时反馈教学系统在信息收集、反馈评价、诊断教学方面的独特作用，随时根据学生学情灵活调整教学路线，做到以恰当的顺序和时机带领学生主动参与、协同建构、体验成功，从低级认知过渡到高级认知，不断循环，层层递进，进行投入性学习，最终实现教学目标。

范例篇

第八章 案例反思：一线教师的亲历与所为

第一节 语文学科

取其所需，尽其所能
—— 一堂信息技术与作文教学整合课的实践与反思

Z 学校 李老师

现代信息技术发展很快，它对教育教学的重要性也早就引起了广大教师的注意，近几年来许多教师为此进行了不间断的探索，取得了不少成果，当然也存在着一些问题，比如为技术而技术，技术与学科教学结合不紧密等。信息技术的功能很强大，但怎样充分发挥其作用，怎样将其与学科充分整合，这里还有很大的探究空间有待教师去挖掘、探索。

2005 年 6 月，我有幸参加了"基于互动白板的课堂协同教学模式研究"课题的探索，用交互式电子白板上了一堂作文教学课，教学设计几易其稿，就信息技术的运用与学科教研员、信息技术老师反复讨论。此次教学实践使我深深地感到：信息技术对于激活作文教学课堂，促进中小学生积极思维和写作，提高作文学习的效率和质量大有可为。同时也深刻地体会到在教学中运用信息技术一定要做到：取其所需，尽其所能，使技术与学科内容紧密结合，水乳交融。

一、交互式电子白板功能简介

交互式电子白板是国际上新崛起的一种高层次的教学培训及会议演示设

备，是汇聚尖端电子技术、软件技术与互联网技术等多种高科技手段而研究开发的高新技术产品。

交互式电子白板可以代替普通投影幕布，在课堂演示中可直接投影演示画面，不用另外配备幕布；其配备的多色彩笔和板擦可以像在黑板上一样实现书写、画图、做表格、擦除等功能，同时白板笔具有和鼠标一样的功能，可以操作计算机或者使用虚拟键盘输入文字。

二、教学设计整体构思

本次教学实践是六年级第一学期"动物世界"单元的第 2 课时：以课文《海豚弗吉》为例进行作文教学。本节课的教学任务是：理清文章的层次、结构，尤其要关注以说明为主的一类文章的层次、结构特点。

这次教学我共设计了 4 个教学环节（见图 8-1）。

1. 精心预设，清晰展示，创设问题情境

2. 师生互动，形象标注，抽象概念显性化

3. 结合例文，对比分析

4. 问题修改，学以致用

图 8-1　问题化语文教学设计流程

三、教学实施与问题解决

第一个教学环节：精心预设，清晰展示，创设问题情境

在第一个教学环节中，我选用的信息技术媒体是交互式电子白板。我事先将某一学生的一篇在结构上存在问题且较有代表性的作文输入电脑（在上本课之前，我布置了一篇课后作文，让学生描述自己所熟悉的动物），将它的语言文字、层次结构包括错别字都原封不动地展示在"虚拟白板"上。

这一设计的主要目的就是为了在下面环节的作文讲评过程中，让学生有

一个既听得到又看得见的"文本"，有一个可供师生共同交流的、随时需要随时就能看得到的"依据"。

在以往的作文教学过程中，这个环节往往是不多见或没有的。大多数教师进行作文讲评的做法是：挑选出有问题的作文或比较优秀的作文，在课堂上先给全体学生进行朗读（没有文本展示），然后师生交流，指出作文中存在的问题或值得一起学习的地方。

这样的教学设计是好的，但能不能达到教师的预期目标呢？教学效果是不是就如教师所预设的那样好呢？在实际的教学过程中，因为学生手头没有"文本"，他们所交流的内容只是自己刚才听来的（因为只是"听"，所以学生所了解的只是主题、语言等方面，而对"原文"的段落安排基本上是一无所知的），而这些内容会随着时间的推移慢慢从记忆中消失，这样学生的"讨论"就可能显得有些支离破碎，有些讨论也可能因对"原文"的错误记忆而不准确了，教学效果可能因此而打不小的折扣。

那么为什么我所设计的第一个环节在作文教学中不多见呢？其中的原因很简单：要想让学生有"文本"，教师就得事先把需要讲评的文章输入电脑（或者更原始一点的做法就是把文章刻成蜡纸），然后送交打印室印刷。由于受到个人打字速度、印刷速度的影响，这个准备期一般比较长（打印室不会专门给你一人印刷），而且给人的感觉是比较麻烦。一次这样做还好，如果次次这样做，恐怕就没几个人愿意了。

随着信息技术的进步、发展，有许多教师想了不少的办法，比如利用Word 软件。当然，在 Word 中制作，然后向学生展示或进行编辑是比较方便的，但也有一个麻烦，就是不太随心所欲，Word 中的展示窗口比较小，展示的字体也比较小，这样如果文章稍微长一点的话就需要不停地换页，实际上学生还是不能看到文章的全部，看前部就看不到后部，看后部就看不到前部，文章的"依据"功能还是没有完全实现。

也有教师利用 PowerPoint 软件。PowerPoint 软件制作的幻灯片在提供依据这一点上确实不错，而且比较清晰。但是每一张幻灯片上的内容比较有限，更重要的是它给下面的教学带来的便利比较有限。它只是展示，只能放给学生看，是单向的传递，不是双向的交互，在演示过程中不能再改变已经输入的内容，不能再进行诸如"复制"、"粘贴"和"删除"等操作，想要改变或再操作就必须退出 PowerPoint 程序或者在相关的程序（如 Word）之间进行切换，这样不停地换来换去，反而更容易使学生眼花缭乱，注意力分散。制作了幻灯片只能用来演示，不能用来交互，不能实现对学生意见的随时书写记录，不能实现任意小节、任意语句的批注，不能像在阅读课本时一样，这还是令人遗憾。

当多媒体设备（计算机、投影仪、实物投影仪、音响等）进入每个教室后，有的教师采用"实物投影仪"来解决这个问题，把需要讲评的文章直接放在实物投影仪上展示给学生看。这确实非常方便，但在实际的教学中也遇到了不少麻烦：有的学生字比较潦草，或者字体比较差，展示的时候有许多学生看不懂；投影的屏幕比较小，要想把全篇文章都展示出来，就要缩小展示的比例，这样坐在教室后面的学生看起来就困难了；学生的作文一般是写在作文本上的，而作文本上的纸张格式是文稿样的，每页只有 240 个字，一篇 500—800 字的文章有 3—4 页，这样在展示时学生一般还是不能看到文章的全部，这与在 Word 软件中遇到的问题相似，即时展现文本的功能也打了比较大的折扣。

交互式电子白板的出现为以上问题的解决提供了可能。在实际运用中我发现，在虚拟白板中，窗口的空白地方面积比较大，将一篇 500 字左右的文章先制作成 bmp 图片（当然事先也需要文字输入，但因其能展示，所以不用再印刷），然后以"插入位图"的功能将图片显示在虚拟白板上，这样一页就完全可以了（比制作 PPT 文件省时，操作也简单），而且显示得非常清楚，即使坐在教室的最后面也能看得清清楚楚，效果非常理想（这比 Word 文档效果好）。

所有这些使我能在短时间内比较快捷地准备好"展示"的任务，也为下面的教学环节能取得比较好的效果奠定了基础。这一点在后来的教学实践中也得到了证实。

相比较而言，可以说从刻蜡纸印刷、电脑打印、利用 PowerPoint 程序制作幻灯片、实物投影仪，到现在的交互式电子白板，虽然前面的 4 种技术手段也各有自己的长处，但从教学效果来说，交互式电子白板是最好的。

第二个教学环节：师生互动，形象标注，抽象概念显性化

在日常的教学过程中，我们经常会遇到一些抽象概念。比如，作文教学中我们会给学生说：结构、层次要清楚，语言要准确、生动、形象，中心要突出，描写要具体……那么怎么样才算"清楚"、"生动"、"突出"、"具体"呢？对这些概念用语，可能要花很大的力气，不厌其烦地给学生举例子、做比较和多次解释，即使如此，有些学生可能还是不太理解，教学的成效不太明显。

在本次教学中，我用交互式电子白板比较好地解决了这个问题。

正因为前一个环节展示了文本，提供了"依据"，比较好地创设了问题情境，所以接下来就可以以展示文本为中心来开展教学活动了。

面对展示文本，我问学生：这篇文章存在哪些问题。学生有的说写得太少，不详细，有的说语言不生动，也有的说段落划分不当，虽然部分发言有一定的道理，但总体上比较笼统。以此为切入点，我引导学生分析该篇学生作文写了某一小动物哪几个方面的内容，并且分析好一个方面，于是就采用不同的颜色对其内容进行标注，等全文分析完，就形成了以下这样的一幅"图画"（见图8-2）。

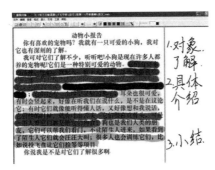

图8-2　鲜活反映学生作文结构不良问题的"大花脸"标注

可以清楚地看到，在该篇学生作文的第二段，经过师生交互点评与分析，所做标注可谓五颜六色、五彩斑斓，花花绿绿的活像戏剧舞台上演员的一张"大花脸"，让大家形象地感觉到作文存在结构不良的问题。看到这样一幅图，有的学生迷惑不解，不知道教师要干什么，还有许多学生马上指出这篇文章最主要的问题是段落划分不当，层次不够清晰，第二段所陈述的内容太杂。

这其中所运用到的交互式电子白板的标注功能，在以往的信息技术媒体中是没有的，或者是不能如此方便地实现的。在交互式电子白板中，只需用电子笔选一种颜色就可以进行标注，就像我们平时用各种彩色粉笔一样方便，想"写"就"写"，而在PowerPoint中操作步骤比较多，比较费时，在Word中则没有此项功能。

更为重要的是，无论是在Word中还是在PowerPoint中，教师要操作计算机就必须站在显示器前，此时，教师与学生的交流，不管是在知识方面还是在情感方面都不是那么自然。交互式电子白板则比较好地解决了这个问题，教师站在白板前，用电子笔在白板上就能完成鼠标的操作，同时还能随时在上面书写，就像我们平时用粉笔在黑板上书写一样。这样就实现了其他信息媒体没有或不太容易实现的交互功能。

想想看，这时学生所看到的不仅有语言和文章的结构、层次，还有色彩缤纷、鲜明的标注，这比以往单纯"听"到的作文信息要全面多了，况且标注的过程是教师与学生共同即时完成的，这样，即使教师减少了讲解，可能结构、层次这些比较抽象的概念对学生而言也显得比较形象了。信息技术形象化的功能在这里得到了充分的发挥。同样，在下面的教学环节中这一点也得到了体现。

第三个教学环节：结合例文，对比分析

在这里，我的主要目的是用课文给学生一个结构、层次比较清楚的范例，并通过范例与存在问题的文章在结构、层次上的对比，让学生明白在自己的作文中怎样做到结构、层次清楚。

在以往的教学中，要完成这样两篇文章结构、层次的对比，由于展示文本这个环节不太好实现，所以恐怕大多是教师让学生看着教材来讲解。

在本次教学中，承接上个环节，我并没有立即让学生修改学生作文，而是暂时把它放到一边，让他们看课文《海豚弗吉》，重点分析"热情的陪泳员"一部分的层次：从几个方面来突出弗吉是热情的陪泳员，这部分又有几个小节。因为这部分的层次很清楚，所以学生马上看出是从五个方面来写的，分了五个小节，一个小节讲一个方面的内容。这时我把其中的某一小节内容也用标注笔标上颜色，可以看得出相对于前一幅图画而言，这是一幅"纯净"的脸面。然后我又把前面的"大花脸"复制到这幅图中，这样就形成了比较鲜明的对比：左边是比较"纯净"的，而右边则是"花花绿绿"的（见图8-3）。

面对这样的对比，教师问学生：写作时，文章的结构层次应该怎样安排？学生马上回答：应该一个小节写同一个方面的内容，这一节的脸面应该是"纯净"的。

这样的教学效果比教师单纯讲解，甚至是把两篇文章直接并排放在眼前一起比较都要好，这样的对比非常形象直观。

当然，通过"复制"将两幅图片放在一起进行对比这样的功能，在

图8-3 "白净脸"与"大花脸"的比较

Word 与 PowerPoint 中也能够实现，但在 Word 中不能即时标注，而且 Word 中的"复制"功能是以单个的文字为复制对象的，要形成两块东西的对比，在排版上是比较麻烦的：要先设置字体颜色，再分栏，分栏一次还可能达不到恰当的位置，需要再对格式进行调整，而这么多的操作在课堂教学中有点得不偿失，会浪费比较多的时间，可操作性不强。但在交互式电子白板上这样的操作就容易多了。在虚拟白板中，你可以随意画各种大小的空间进行复制。在操作时，你只要大概估计一下复制东西的大小，圈定后就可以复制到另一页中，然后用电子笔把它们拖到恰当的位置就行了。在上课时可以边讲边操作，能做到不留痕迹，比较好地实现师生的交互与协同。

至于 PowerPoint，在前面已经提到，它不能在演示过程中再进行诸如"复制"之类的操作，只能在课前事先做好，在课堂上让电脑再"演"一遍罢了，难免有虚假之嫌。此外，PowerPoint 软件在演示过程中不能随意直接书写，只能展示，即使学生有什么意见或建议，也没有办法即时修改，这体现不出师生的交互。

交互式电子白板能即时书写，避免了以上的弊端，用电子笔在白板上书写，就像平时在黑板上书写、在书上做即时的阅读批注一样方便，这为教学中师生的充分交流提供了有力的保障。

第四个教学环节：问题修改，学以致用

这个教学环节的设计目的是，通过组织安排学生分组对另外一篇存在相似问题的学生习作进行修改，从而提升和强化学生对作文结构的认知水平。

在以往，当然是教师给学生发一份存在问题的印刷的例文，让学生当堂在纸上修改，然后交流。这时的交流当然大多是师生的口头交流，修改的即时效果眼睛看不到，只能在脑子里想象。

在教学前，我还是把一篇学生例文输入了电脑，不过在这里我选用的信息技术软件是 Word。修改前的文章如图 8-4 所示。

图 8-4　修改前层次不清的"养小鸟"作文

我要求学生当场在 Word 中进行修改（先小组讨论，然后在班级内交流）。他们做得很快，教师在台前操作（本来是安排学生操作的，限于他们当时的计算机操作水平才没有让他们动手），他们在台下参谋，一会儿工夫就完成了任务（见图 8-5）。

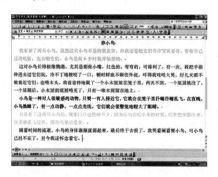

图 8-5　学生修改后的作文层次分明

Word 是功能强大的文字编辑软件，要修改诸如作文这样的文字对象，使用它是再合适不过了。而且这次课上主要修改的是文章的结构、层次，是段落，因此修改起来非常快，把"大花脸"转换成"纯净脸"比较容易，而且可以通过改变段的字体颜色来显示层次、结构，使表达效果更形象。

如此修改有这样几个好处：学生刚学过相关的知识，刚讨论过长处和短处立即就训练，效果比下课后再去完成要好，而且当堂修改后，Word 能马上展示出改好的文章是什么样子，这样比较直观，学生印象也就更深刻。

相较于以往这方面的课堂教育实践活动而言，这次教学活动气氛活泼且轻松，不但教学效率高了，而且学生学习的热情与效果也得到了提升。课后教师做了个大概的统计：约85%的学生明白文章层次、结构的安排应当怎样做，而且知道该如何修改存在类似问题的文章。

现代信息技术能给我们的教学带来意想不到的效果，但这是以技术与学科整合到位为前提的。在教学设计时一定要先吃透内容，对不同媒体的功能要有充分的了解，然后根据内容来选取媒体，选取相应的功能。要做到用了它能实现以往的教学手段所不能实现的，用它的效果比不用它的效果要好许多，能更直观、更形象，使学生更容易理解，而且印象更深刻。这样我们运用现代信息技术的目的就算达到了，归结为一句话——运用信息技术媒体时就是要"取其所需，尽其所能"。

第二节　数学学科

课堂交互活动设计：从一堂数学课看信息技术的作用
——"直线、射线和角"的实践与研究

F 学校　顾老师

一、研究背景

《数学课程标准》对数学教学活动提出的基本理念是："数学教学活动应激发学生的学习兴趣，向学生提供充分从事数学活动的机会，帮助他们在自主探究和合作交流的过程中获得广泛的数学活动经验。"基于以上理念，我合理利用信息技术这一丰富的教学资源，发挥交互式电子白板的交互作用，创设学生实践与探究的空间，把学习的主动权交给学生，让学生在活动中增长知识，切实提高课堂教学实效。

"直线、射线和角"是一节概念课。在以往的教学中，由于教学手段的限制和教师教学理念的制约，教师往往过于追求教学的最终效果，很容易将一堂概念课上成"满堂灌"。因此，在本节课的教学中，我充分应用现代教育技术手段，将交互式电子白板引入课堂。通过形象生动的教学手段吸引学生的注意力，将抽象的知识直观化，使全体学生都能参与探索新知识，从而

进一步调动他们的学习兴趣。

二、实践反思

（一）生生互动，激发学习兴趣

本节课中，在学生掌握了角是由一个顶点引出两条射线这一概念后，我设计了一道判断练习题，让学生打"√"或打"×"。

$$(\quad)\qquad(\quad)\qquad(\quad)\qquad(\quad)\qquad(\quad)$$

在第一次的实践中，我运用传统的教学方式：先由学生做出判断，教师根据学生的回答进行点评和反馈。在课后的讨论中，教研组的同伴们向我指出：判断题的难度并不大，并且打"√"打"×"的操作也不难，完全可以放给学生自行操作完成。于是，我在第二次实践中，根据学生掌握知识的情况，选择了一位能力较强的学生做"小老师"，由她来操作、点评，完成这项练习。

师：老师请一位同学来做小老师。

学生们纷纷举手，教师选了一位能力较强的学生。

小老师：同学们，你们看这个图形是角吗？手势准备，开始！

全班拍手表示正确。

小老师：你们都认为是正确的。（板书打"√"）谁来说说理由？

生：因为这个图形有一个顶点，两条边。

小老师：很好！那么，这幅图是角吗？

全班坐正表示错误。

小老师：你们都认为是错的。（板书打"×"）谁来说说理由？

生：因为这幅图没有顶点。

小老师：说得很好！那么第三幅图呢？

全班拍手表示正确，小老师板书打"√"。

小老师：第四幅图是角吗？

全班拍手表示正确，小老师板书打"√"。

小老师：最后一幅是角吗？

全班只有一位学生拍手表示正确。

　　小老师:请你说说理由。

　　生:我认为它是角,因为它有一个顶点和两条边呀!

　　小老师:可是它不是直的呀!(板书打"×")

　　随后小老师用求助的眼神看着我,我便上前进行纠正。

　　在对于最后一个图形的判断中,有一位学生出现了错误,这时"小老师"不知如何是好,用求助的眼光看着我,我在一旁忍不住帮那位学生纠正错误。课后反思中,教研组的同伴们又指出:其实,这是个非常好的学生动态资源,我们可以加以充分利用,让学生自己去进行评价与纠正,这样能更进一步地体现学生学习的主动性,效果可能会更好。

(二)利用媒体,进行有效整合

　　在课的最后,我设计了一个开放性的活动——剪一剪、数一数,让学生动手在一个正方形上剪一刀,并数出剪剩下的图形中有几个角,看谁的剪法多。在第一次实践中,我让学生在实物投影仪上操作画与剪的过程,由于实物投影仪没有保存的功能,一个学生操作完后,当第二个学生再操作的时候,前一个学生的操作结果就无法保留和显示了。课后,教研组又针对这一情况进行了讨论,有教师指出:学生操作完后,可以在交互式电子白板上直接演示不同的剪法,每一种方法都能在白板上显示出来,这样便于学生的理解和概念的归纳,促进学生发散性思维与高级认知的发展。

　　于是,在第二次实践中,我改变了反馈的方式,直接让学生在交互式电子白板上用白板笔代替剪刀在图形上划一刀,每一种情况都能呈现在交互式电子白板上,学生一目了然,我归纳起来也方便多了。

　　在课后教研组的讨论中,我们又发现用白板笔在图形上划一刀,实际上并没有真的把图形的某一部分剪去,只是画了一条分割线而以,剪掉的部分和剩下的部分同时显示在交互式电子白板上,学生很难分清楚应该数哪一部分图形的角。因此,在反思时组里的教师建议,是否可以在交互式电子白板上把剪掉的部分擦掉。我尝试用白板的橡皮擦功能来解决这个问题,但是橡皮擦擦大了会把图擦坏，小了又很花费时间。于是又有教师提出：任何工具都有条件性与有限性，我们可以把学生剪下来的图形直接贴在白板上，然后进行整理归纳，这样既直观，又省时。

三、研究成果

在教学中，我能以让学生全面、主动、和谐地发展为中心，发挥交互式电子白板的交互作用，调动学生学习的积极性。主要体现在以下三个方面。

（一）动画显示，发现规律

［片段一］

媒体显示：

师：这条线称作什么？记作什么？

生：这条线称作线段，记作线段 AB 或线段 BA。

媒体显示：从线段的一端延长

师：现在这条线段怎样了？

生：延长了。

师：还可以再延长吗？还可以吗？

生：可以。

师：对，可以无限地延长。现在这条线还叫线段吗？（板书：射线）把线段的一端无限延长得到一条射线。它记作什么？

生：记作射线 AB。（板书：射线 AB）

师：对，因为它从端点 A 出发向另一端无限延长，所以把它记作射线 AB。

媒体显示：

师：这条射线记作什么？

生：射线 BA。（板书：射线 BA）

媒体显示：从线段的两端无限延长

师：还是射线吗？

生：不是。

师：我们把这条线称作直线。（板书：直线）记作什么？

生：直线 *AB* 或直线 *BA*。（板书：直线 *AB* 或直线 *BA*）

概念对学生来说往往抽象难懂，是数学教学的一个难点。利用多媒体的动态显示功能，可以使一些概念直观化，使知识简洁、明了，让学生容易接受。本节课中，射线和直线这两个概念是很抽象的，学生难以理解。过去只能靠语言的形象描述或借助生活中的现象做比喻式解说，学生总是想象不出直线和射线中"无限长"的含义。为此，我利用多媒体的动态功能设计了这样一个动画：屏幕上先出现一条线段，然后向一端延伸，成为一条射线，慢慢再延伸，射线越来越长。借助这样动态的演示，学生头脑中就会出现"无限长"的图景。讲直线时，将线段的两端向外延伸，帮助学生想象向两端无限延长的情景，通过动态的演示使他们深刻地理解和掌握线段、射线和直线各自的概念。

（二）直观演示，突破难点

［片段二］

媒体显示：（学生动手用学具搭一个角）

师：我们一起来拉一拉。（教师在白板上演示）两条边叉开得越大，角就怎么样？

生：角就越大。

师：两条边叉开得越小，角就怎么样？

生：角就越小。

白板显示：

师：哪个角大？

生：左边的角大。

师：你是怎么知道的？

生：因为左边的角叉开得大。

师：（把左边角的两条边缩短）现在哪个角大？

生：右边的角大。

师：是吗？我请一位同学上来比较一下。

（一生操作，发现还是左边的角大）

师：说明角的大小和所画的两条边的长短怎么样？

生：无关。

师：（把右边角的两条边延长）现在右边的这个角变大了吗？

生：没有。

师：对，因为角的大小跟角的两边叉开的大小有关，与所画的边长无关。

本节课的难点是使学生理解角的大小跟角的两边叉开的大小有关，与所画的边的长短无关。为了解决这一难点，在以往的教学中我们通常采用实物操作：用两根木棒搭成一个角，拉动木棒，让学生观察角的变化。这一操作只能让学生直观地理解角的大小与两条边叉开的大小有关，却很难让他们理解角的大小与所画边的长短无关，因为木棒是有局限性的，它无法随意地拉长或缩短。如今我们可以运用交互式电子白板与几何画板软件相结合，不但能够演示角叉开的大小，还可以随意地拉长或缩短角的两条边，让学生能直观地体验到角的大小与所画边的长短无关，教学难点也就迎刃而解。

（三）动手操作，人机互动

心理学研究表明，儿童的思维是从动手开始的。因此，要解决数学抽象性和学生思维形象性之间的矛盾，关键是靠具体的操作与观察。当学生在学习过程中有所收获时，要给学生提供充分展示自己的舞台，以提高学生学习的主动性和积极性。此时正是充分利用交互式电子白板可操作性和直观性之时，也是学生认知冲突化解并体验成功的喜悦之时。

在学生掌握了比较角的大小的方法后，我根据交互式电子白板的可操作性这一优势，设计了一个找角的活动：屏幕上给出许多不同的角，让学生找出其中两个相同的角，当学生通过观察找到初步的目标后，让他们到交互式电子白板上来运用所学的方法操作验证，得出肯定的结果。这样使学生在动手操作中观察，在观察中动脑，不仅能够切实掌握比较角的大小的方法，而且能够提高学生的思维能力，让学生亲身感受到学习的乐趣，成为学习的主人。

四、努力方向

在研究过程中，我在发挥交互式电子白板的交互作用上有所突破，但仍存在一个需要思考与改进的问题，即如何把新型交互工具与学科教学进行有效的整合，让数学课堂因为交互技术的引入而更加生动活泼，从而在师生、生生的深层互动中提高教学的质量。

第三节 英语学科

关注细节，巧设互动情境，培养学生的合作精神
——一堂英语课的案例研究

Z 学校 陈老师

传统的英语教学因存在过分重视语法和词汇知识的讲解与传授，忽视对学生实际语言运用能力培养的倾向而招致批评。新的国家《英语课程标准》则强调英语课程要从学生的学习兴趣、生活经验和认知水平出发，倡导体验、实践、参与、合作与交流的学习方式和任务型的教学途径，发展学生的综合语言运用能力，使语言学习的过程成为学生形成积极的情感态度、主动思维和大胆实践、提高跨文化意识和形成自主学习能力的过程。

基于这种理念，笔者在英语教学实践中，选择 *Simon's Journey To School*（Oxford，6A）这一单元，仔细研究教学的各个细节，利用交互式电子白板，巧设活动—体验的互动环节，创设问题情境，在培养学生乐于接受、积极参与、合作交流的主体意识，进行有效学习等方面做了有益的探索。

细节一：一份教案的不同设计

[实践过程]

第一份教学设计片段	第二份教学设计片段
Show students the picture again. Say something about the journey, teach the new word "journey" and make students complete the title of the text.	Q: Let's guess. Where is Simon going? (He is on his journey to school.) Would you please complete the title for us?

续表

第一份教学设计片段	第二份教学设计片段
Show students an unfinished map. Listen to the tape and answer the question：What are these places?	Q：This is not a very good map because there aren't any name so places on the map. Let's do the job by ourselves, OK?
Ask students to put the verb phrases in the right places on the map. （Discussion）	Q：Who can help me put the verb phrases in the right place and tell us something about the journey?
Ask students to be Simon and retell the journey.	Q：If you are Simon, would you please tell us about your journey to school?
Ask students to be Simon's classmate, tell us how Simon goes to school.	Q：Let's suppose you are Simon's classmates, can you tell us how he goes to school?

[反思]

第一份教案设计表面上看似乎只是供教师使用，不是真正地面向学生，但教师设计的活动内容是一个一个要求学生完成的任务，在潜意识里，教师觉得自己是旁观者，是命令学生完成各项学习任务的权威，学生没必要合作学习，没必要师生互动，学生被迫成为没有激情、没有创造热情的学习机器。而第二份教学设计中，教师改变权威授课者的身份，把自己看成一个和学生一样的参与者、合作者，伴随学生一起融入丰富多彩的学习情境中，师生一起观察、体验、思考、实践，共同渡过难关，体会成功的喜悦。一样的教学内容，两份教案反映出完全不同的教学理念，在实施时，呈现出不同的活动场景，很自然的会有不同的教学效果。

细节二：一幅图画的不同呈现方式

[实践过程]

本课的教学目标是让学生学会描述一段路程，整篇课文内容较单调，语句结构简单。在设计教案时，根据这个特点，教师先从一幅图画入手，进行一些简单的问答，让学生自己提问，自己邀请同学来完成对话，在回答问题前，只有三秒钟的时间快速地观察图画，然后回答问题。这个活动既锻炼了学生敏锐的观察能力和对语言快速反应的能力，也复习了一些交通工具的说法，为接下来的学习打好基础。一般来说，有以下三种展示图画的方式。

普通黑板教学	计算机教学	交互式电子白板教学
在黑板上出示一幅图画，提问三秒钟后，拿走或用物品遮盖	用 PowerPoint 切换所需图画和另一幅用来遮盖的图画	使用遮屏演示或翻页功能

[反思]

通过教学实践可以发现，不同的展示图画的方式呈现出不同的教学情境，产生了不同的教学效果。

普通黑板教学：放在学生面前的图画是固定的，不易变化，学生看见图画的全部，用东西遮挡这一动作本身容易影响学生的注意力，且耗时长，给教学带来不便。

电脑教学：教师或学生只需要直接按键盘，两幅图画切换快，视觉效果清晰。但由于图画是不变的，而且是教师事先设置好的，图画只是在刚刚出现的时候能引起学生的兴趣。

交互式电子白板教学：利用交互式电子白板遮屏演示的功能，使一幅简单的图画变成更具趣味性的、活动着的学习情境；由于可以控制显示的大小，学生可以根据提问的需要来即兴处理所呈现的画面，这幅图画不再是一成不变的，不断变化的学习情境提高了活动的灵活性，增加了学生和所学内容的互动，激发了学生间的合作热情，使整个课堂充满活力；如果学生在回答问题时有困难，提问的学生可以利用白板翻页功能翻到例句所在的一页，给同学及时的帮助，让同学边看例句边回答问题，然后再逐步离开提示。通过学生之间的合作，增强学生之间、师生之间、学习载体和学生之间的互动，顺利地让每位学生都大胆地参与到学习情境中来。

细节三：课前不同的预习要求

[实践过程]

由于本篇课文讲述了一段路程，课文插图是一张地图，教师就先呈现一张没有地方名词的地图，让学生通过听磁带来完成地图，完成地图的过程也就是学习课文的过程。

	课前准备	互动场景	听力效果
第一次实践课	要求熟读课文，课前做好充分的准备	由于大多数学生已知道答案，无须讨论，互动不积极，听的时候也不是非常关注	准确率高，但没有达到通过当场的听和学生之间的互助学习来完成任务的目的
第二次实践课	只要求预习新的词汇	学生认真地听，要求听第二遍，互相补充听力内容，讨论很积极，急于知道正确答案	正确答案不是一次达成，但学生全身心投入，听力得到真正提高，且在学习中体会到合作学习的乐趣

[反思]

一般来说，每一次上新课前，教师总是希望学生能做好充分的预习工作，以确保教学目标的顺利实现，而且教师普遍认为，通过预习，减少了难度，学生能够充分地动起来，互动会更频繁，更有效。然而，实践中学生的反应并非如预期的那样，可见，过于简单的任务不易使学生思考，如果一直面对简单的学习材料，学生的思维就会产生惰性。而适当增加难度，能增加学生之间合作的需要，使他们有机会进行相互切磋，实现思维、智慧的碰撞，从而形成有效的语言能力。教师要巧妙利用学生已有知识水平和期望达到的知识水平之间的差异，通过学生与学生之间的互动，来架起伙伴之间相互帮助、合作学习的桥梁。

细节四：配对的不同形式

[实践过程]

在教授 *Simon's Journey To School* 时，有一个教学活动是让学生在地图上把找出的动词词组和相对应的地方名词联系起来，要求学生在理解词语的基础上，边配对边用一句完整的话表达一个情景。一般来说配对有两种方法，一是用线画，二是用 PPT 一个一个在相应的地方呈现。而我则是利用交互式电子白板让学生自己来拖拽动词词组到相应的地方。

课后，教师做了一次面向学生的问卷调查，结果如下。

方　法	最喜欢的百分比	较喜欢的百分比	不喜欢的百分比	学生分析原因
用线画	0	50	50	太简单，画面不好看，无趣
用PPT依次呈现	18	32	50	正确答案一下子出现，不是学生当场做出来，是老师事先设置的，同学的结论和PowerPoint出现的结果有时会不一样
交互式电子白板拖拽功能	82	18	0	同学可以一边讨论，一边操作，拖错了，可以通过讨论，再拖回去，很有趣

[反思]

实践表明，在学习过程中，学生永远喜欢可以变化的、可以及时调整和修改他们思路的学习工具，这能满足他们在学习过程中纠正错误的需要。此外，因为学生在知识结构、智慧水平、思维方式、认知风格等方面存在重大差异，这种差异其实是一种宝贵的教学资源，这个活动能充分利用这一教学资源，在一个学生拖拽的时候，允许其他学生提醒，同时，这种拖拽的过程也是学生们一起思考、讨论、合作、判断的过程。而交互式电子白板的直观功能，让教学行为的产生更具可操作性，当学生在伙伴的帮助下正确地完成教学任务时，生生互动及相互合作得到了很好的体现。

细节五：一项任务的设置

[实践过程]

在Post-task activity（任务后期活动）的教学环节里，教师本来想让学生画一幅地图来阐述他们自己回家的路程，发现他们不是非常感兴趣，因为他们的家大多离学校很近，好像不能充分展示他们的才华，于是，教师又创设了一个情境：一位女士初次来上海，想去以下三个地方——Century Park（世纪公园），Shanghai Zoo（上海动物园），People's Square（人民广场）。虽然学生们的反应稍微热烈了些，但有不少学生因自己本身不认路而为不能帮助这位女士感到悻悻然，课堂里参与面不广。在第二个班教学时，教师干脆让学生根据自己的喜好，为这位女士介绍上海有趣的地方，为她画地图。结果，在课堂上每个学生都能用所学的英语为这位女士出谋划策，课堂气氛非常活跃。

[反思]

创设情境在英语教学中处于很重要的地位。在情境中，学生运用英语接受信息或表达思想，并亲身体验运用英语达到交际目的后的成功感和愉快感。因此，如何巧妙地创设情境，合理设置任务，是教师一直思考的问题。作为教师要按照学生的身心发展过程的规律去创设情境，这情境一定是能贴近学生生活的，是学生熟悉并感兴趣的，而且对已有知识的利用应符合学生现有的知识水平，过低或过高都会影响任务型教学的成效。教师要排除一切不利于学生大胆表现自己的因素，这样学生才能积极思索，走入情境，在完成任务的过程中自己去认识事物，发现问题，获取知识，挖掘学习潜能，从而真正达到优化课堂的目的。

细节六：一次不完整的命题

[实践过程]

在本课即将结束前，教师想让学生做一个小测验。课前，教师已经编好了所有的题目，每道题目都紧扣课文重点和难点，是一份能起到检测作用的非常好的试卷。然而，教师想到每次说 Let's do a small quiz（让我们做一个小测验）时，教室里一片肃穆，学生总是显得有点无奈、不情愿或害怕，于是决定尝试另一种方法，让学生担任教师的角色，让他们自己出试卷。鉴于七年级学生的知识水平有限，教师决定保留题干，把出试题选项的任务交给学生，师生共出一份试卷。结果，课堂气氛出乎意料的热烈，学生们热烈地进行讨论，各抒己见，不断修正结果，以达到他们认为的最佳的测验效果。

学生出的选项（摘录）

(1) A：How are you going to the Space Museum?

B：I'm going to_____the underground there.

第一轮：A. take　　B. have　　C. taking　　D. ride

第二轮：A. by　　B. take　　C. taking　　D. took

（2）A：_____he go to school?　　　　B：_____bus.

　　第一轮：A. When does, take　　　B. which does, buy

　　　　　　C. how does, taking　　　D. how does, by

　　第二轮：A. How does, by　　　　B. When does, by

　　　　　　C. How does, by　　　　D. How does, taking

（3）A：How many_____bins are there in the picture?

　　B：There are three.

　　第一轮：A. letter　　B. letters　　C. litter　　D. litters

　　第二轮：A. little　　B. let　　　　C. letter　　D. litter

[反思]

　　学生们兴奋地走入命题"教师"的角色中来，在命题的情境中，他们竭力用教师的"目光"审视自己的学习状态，不知不觉地把新学的知识和以往的知识进行比较，得到又一次巩固、深化所学知识的机会。在与其他同学的交流中，他们设想、猜测、比较、权衡、争论，最后做出决定，合作精神得到充分培养和发展。当题目出好以后，他们一改以往厌恶做题的状态，全班学生很急切、很投入、很愉快地回到应试学生的角色中。最后，公布正确答案，他们又走入"阅卷教师"的角色中。用表决器得出全班学生的作答情况，当他们看到其他同学掉入他们所设计的陷阱时，他们对自己出题的能力充满成就感，也为能帮助同学找到学习上的薄弱点而感到高兴。在学生—命题"教师"—应试学生—阅卷"教师"的角色互换的情境中，全班学生兴趣浓厚，情绪高昂，课堂气氛活跃，既充满温情和友爱，又像课外活动那样充满互助与竞赛，生生互动和师生互动很自然地实现。

　　教学实践表明：创设互动情境应从学生主体的认知特点出发，关注细节，巧妙运用生生、师生之间的互动，把大量的课堂时间和表现机会留给学生。由于主体性得到了体现，学生会产生强烈的求知和探究的欲望，会把学习当作乐事，最终进入学会、会学和乐学的境界。作为教师，应将自己的角色定位为学生学习过程的促进者，全方位、多层次地鼓励学生通过活动—体验，在合作中愉快学习。当然，在英语教学中研究多向型的情境互动，探索教学改革的实践，这还只是起步，相信随着今后教学实践的不断探索，还会有新的更好的发现！

第四节　科学常识

例谈互动白板在自然教学中的应用

F 学校　仲老师

　　小学自然是科学启蒙课程，着重于学生对周围事物的兴趣和不断探究的欲望，引领他们逐步养成良好的行为习惯和求真的科学态度，培养他们科学思维的能力和科学思维的方式。为此，课堂教学必须通过良好的师生交往互动和平等"对话"，才有可能引导学生转到"自主、探究、合作学习"的学习方式上来，帮助学生"学会学习"。充分利用交互式电子白板，开展信息化教学，创设主动学习情境，能促进师生角色与地位的转变，使教师由"主讲"变为"主导"，学生由"被动"变为"主动"，媒体由"教具"变为"学具"，教学过程由"单边"变为"双边"，促进学生的真正发展。

一、教师引领，有序观察——培养学生科学观察的方法

　　自然课的教学不仅要求学生掌握一些科学知识，更重要的是能运用一些合适的科学方法开展学习。"人体的骨骼"是牛津版自然教材三年级第一学期的教学内容，对一节观察课而言，观察方法的指导尤为重要。在课中，我计划对照人体骨骼彩图，从上到下按顺序引导学生观察认识人体各部分的骨骼。但是在学生活动中，学生的随意性还是很大，他们不断地任意改变观察点，使观察显得无序。所以在课中，为强调从上到下按顺序进行观察，我使用了交互式电子白板中的放大镜局部放大功能。开始交流时，我把放大镜放到人体骨骼图的头部，人体头颅一下子被放大了，从而有效地聚焦了学生们新奇的目光，大家立刻围绕颅骨的形状、作用研究起来。头颅部分讨论完毕后，我将放大镜移到骨骼的胸肋部，学生当然心领神会，又围绕脊椎骨和肋骨分别展开了讨论……通过反复指导，学生不仅认识了骨骼，也初步掌握了这一科学方法。

　　实践证明，交互式电子白板工具的使用能突出白板的画面局部，和一般课堂教学中使用粉笔、教棒或鼠标进行指点相比，更能起到突出重点，集中学生注意

力的作用。在自然学科的教学中，这一功能对引导学生有序观察尤为有效。

二、白板标注，动态显示——创设集体知识显性化汇聚的交流平台

利用多媒体投影呈现 PPT 是教师比较常用的做法，我也运用 PowerPoint 这一软件向学生展示了一个连线练习页面，要求学生研究：图中的物品和人体骨骼中的哪一部分相似？

学生的思维很活跃，提出了许多不同的见解。但是语言毕竟是抽象的、默会的，一个学生描述的人体或物体的某一部分，其他学生有的理解了，有的还不明确。如果能在页面上圈圈画画，把学生描述的各个部位勾画出来，那不就形象多了吗？PowerPoint 软件中本来就带有标注工具，但是鼠标操作起来很笨拙。现在有了和交互式电子白板配套的感应笔就方便多了。和白板工具中的颜色选择功能相结合，我用不同颜色的线条在页面上进行标注，将学生的各种意见、信息汇聚到交互式电子白板上，使学生的认知得以显性展示，通过集体建构，知识、经验顺利内化，取得了较好的教学效果。

三、及时反馈，快速有效——动态透视学生的学习结果

在班级授课制的教学组织形式下，教师需要一个人面对几十个学生开展教学活动，单凭观察、提问、举牌、随堂考查等形式，很难掌握每个学生的学习结果，而且这些方法不易得到快捷、准确、全面的信息，效率低下。运用交互式电子白板，这一局面就能得到较大的改观。

如"磁铁"一课的教学要求通过磁铁游戏活动，激发学生兴趣，引导他们体验探究过程，从中发现磁铁能吸起含铁或钢的物体。在学习了"磁铁能

吸引含铁或钢的物体"这一知识点后，我设计了找磁石的活动，作为反馈练习。我请学生从教师提供的六块不同的矿石中找出哪一块是磁石。在交流时，我使用了交互式电子白板中的表决器功能。在活动中，我们可以看到学生对使用表决器的活动形式很感兴趣，参与很积极。教师公布答案时，学生的注意力都很集中。而通过运用表决器，教师也可以清楚地了解每一位学生的活动情况，予以评析，并调整自己的教学策略。

综上所述，交互式电子白板在学生交流汇报中所起的作用是显而易见的。它能减轻教师课前准备的工作负担，使学生的交流更生动鲜明，也有利于教师把握每位学生的学习动态，从而更好地把握教学进程，实现师生、生生互动，达到教学效果的最优化。

当然，交互式电子白板也不是万能的。为了实现教学效果的最优化，我在教学中也运用了一些传统的教学手段，如实物、模型、学生用拼图纸等，它们都在教学中发挥了各自的作用。现在，加上了交互式电子白板技术，学生就更容易集中注意力投入教学活动，教师能更便捷地突出教学重点与难点，从而构建一个更生动、更全面、互动性更强的教学氛围。

第五节　教师成长

在研究中成长
——参与"基于互动白板的课堂协同教学模式研究"课题的教学实践与体会

Z 学校　赵老师

"自主、探究、合作"是二期课改倡导的学习方式；新课程的基本理念是以学生的发展为本，坚持全体学生的全面发展，关注学生的健康发展与可持续发展。

在新课程、新教材实施推行之际，作为教师要多注重转变技术观念，优化技术与课程的整合，关注新课程、新教材、新技术、新理念下的课堂的转化，即怎样把课堂教学从以往的以"讲授式"为主的课堂模式转变为以"情境"为先导、以"问题"为核心、以"探究"为途径的教学模式，在新的教学模式下，怎样更好地突出教师的主导、指导、引导和向导的角色，突出学生的探索者、研究者、创造者和实践者的地位。只有这样才能使每位学生都成为问题的探索者、研究者和发现者。

一、充分利用教材资源，创造性地使用教材

参加"基于互动白板的课堂协同教学模式的研究"这一课题组的实践，从空白到陌生，再到熟悉的感性认识，使我逐渐提升了自己的理念。曾经的我认为应用信息技术教学太麻烦，要收集、整理、制作课件，加上自己并不熟练技术的操作，总感觉不如一支粉笔来得熟练和痛快直接。现在我的观念与理念发生了转变，一个丰富多彩的现实世界展现在我们的面前，随着生活水平的不断提高，信息交流方式的便捷、多样化，学生们有了自己丰富的感性认识，教师不改进课堂教学的理念，就是一种失职和缺乏责任心的表现。所以，教师除了要有较强的专业知识水平，还必须具备较强的教学设计能力，把丰富的信息技术与学科知识以最优化的方式呈现在学生面前，使学生成为自主学习、合作探究的学习者，把发展能力、拓展思维、培养兴趣、形成智慧作为重要的培养目标。

记得在第一个教学案例的设计过程中，我还是比较局限于传统的教学理论，认为教学就是在教师引导下，以掌握教材为中介，促进学生发展的过程。在这一理念的指导下，教师对教材的理解局限于以熟、精、化、透来要求学生，其结果是教师始终围绕教材，依赖于教材，缺乏对教学资源的开发与有效利用的意识。后来，在教研员陈慧珍老师的智慧指导、耐心帮助与热情和蔼的鼓励[1]之下，最后的定稿由传统的依教材内容而定的设计方案转变为问题探究式的教学方案，由开始的难度较大的学生无序探究转化为目标明确自主的探究。而且在教学过程中引入电子表格[2]用以计算，在探究过程中选用的数据均由学生现场举例，通过计算、观察、讨论来研究可化为有限小数的分数的规律。在实施第一个教学案例的过程中，我对白板功能的认识还是很粗浅，技术的使用也不是很熟练，但完成这个课例给我带来的收获与启示却很大，在对教材进行使用与处理及进行教学设计方面，可以说是豁然开朗，让我在此后的教学设计过程中有了明确的目标与理念。而且也让我深刻

---

① 在这两年的实践过程中，陈老师对我多有支持与指导，付出了很多的心血，在此向陈老师表示敬意与感谢！

② 表格的设计与制作得到了课题组的技术成员的大力支持与帮助。

地悟出在新的教学理念下，教师在对待教材上应该能够合理开发与创造性地使用教材。结合学生的生活实际，教师通过创新设计，能让学生通过解决生活中的各种问题获得相关的知识与技能，能使学生的课堂学习生活变得丰富，也能通过整合技术与教材，为构建和谐互动的课堂提供素材。

在接下来的教学实践过程中，我从一张储蓄清单引出的数学问题出发，使现实生活问题数学化，复杂问题简单化。如利用生活中的一张一年到期储蓄存款的利息结算清单，经教师的简单化处理后，作为本节探究课的研究载体，围绕清单中的问题，在新技术的支持下，进行教学设计。首先，请学生在交互式电子白板上展示的问题与清单中画出自己不熟悉、不理解的有关名词术语，如本金、利率、利息、利息税、期数、税后本息和等。然后，教师利用白板的保存板书功能，随时调用板书，从学生所画中挑选出有关名词术语，并做出板书，提升学生对学习内容的亲近程度，产生理解这些新知识的迫切愿望。接着，教师在白板上展示学习资料，让学生结合学习资料（教材内容是与储蓄有关的名词及解释），通过尝试自学、小组讨论完成理解这些名词的教学目标。最后，教师给出练习，请学生在工作单上连线，巩固、检验对新名词的理解。

白板无限的板书页面，可以向学生展示丰富的信息，学生可以用电子白板笔在白板上自如地书写与画线，有机会参与教学活动，有较强的学习兴趣。把学习理解新概念的主动权交给学生，教师通过设置名词解释与名词连线的方式检查学生的理解情况，为培养学生的自学能力，引导学生自主学习提供平台。

通过观察利息清单（输入白板中），设计表格引导学生探究：月利率和年利率二者之间的关系；利息与本金、利率、期数的关系；税后本息和的计算方法。在探究后，请学生在白板上拖拽词语找位置：请你试一试，帮它们找到自己的位置（白板出题）。

在这里，通过这样的位置关系图的设计，利用白板笔的拖拽功能，进行信息汇聚，使学生及时巩固公式，通过深度加工，建构知识体系。这样的教学设计，在传统课堂以黑板作为信息交换中心的教学情境中是无法完成的，而多媒体投影的课堂又局限于单向的信息交换。相比之下，这里交互式电子白板的"板书页面"有无限长度，为丰富的信息提供了展现的平台，电子白板笔的书写与拖动功能，又为学生参与课堂教学的活动提供了机会，学生对这样的连线与找位置的练习非常感兴趣，印象深刻。探索以学生为主体的课堂教学，充分利用教材资源，合理补充、改进教材，并创造性地使用教材，这样的教学设计使学生不仅获得了知识，也在参与学习活动的过程中获得了全面的发展。实践证明，二期课改理念与新技术有机整合下的课堂教学设计，可以大大提高课堂教学的绩效。

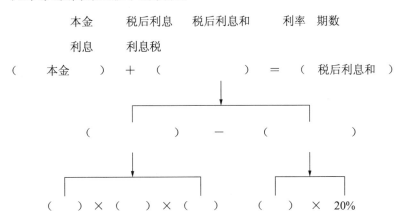

二、优化技术，激活学生的思维

在进行"不规则图形面积计算"的教学实践过程中，我在介绍把不规则图形面积的计算转化为基本图形的方法时，通过选择典型图形，利用交互式电子白板的功能，比如将事先经过复制、重叠处理的复杂图形展示在白板上，用白板笔拖拽图形，对图形进行分解，使复杂图形的部分与整体同时展示在白板上。经过对比，使学生更深刻地理解了整体与部分的关系，对学习的内容有亲近感，有兴趣，使不同层次的学生的认知水平都得到了丰富，并使他们可以直观地体会、领悟"转化"的数学思想，初步理解解决问题的基本方法。利用交互式电子白板的 VCM 互动演示平台将白板与 PPT 演示文稿整合起来，将在 PPT 中制作的图形旋转、平移、翻折等动态效果，通过白板展示出来，促进部分学生的抽象思维具体化、形象化，达到资源共享，信息互补，使不同思维层次的学生都有所收获，教学效果突出。

授完新课后，我设计了图形组合的发散性题目来训练学生综合运用知识分析解决问题的能力。我提供了四个有阴影的小正方形，请学生将它们组合成大的规则图形，最少组合出三个不同的图形。操作方法：学生剪下工作单中的四个小正方形，拼在教师提供的大正方形中（个体操作），并计算阴影面积。每个学习小组派代表通过对白板上图形的拖拽组合成各个不同的图形，后面拼出的图形与前面的不能有重复。各个小组的图形都展示在白板上，学生进行对比，可以相互学习，取长补短。这样的学习活动培养了学生小组合作学习的精神，增强了学生之间的互动学习，使学生积极参与学习活动，为学生创造了展示自我的机会，又拓展了学生的发散思维，激活了课堂的学习气氛。

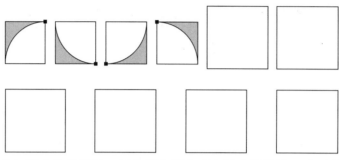

学生参与活动非常积极，每位学生都表现出极高的热情，先后共有十几位学生在白板上进行操作，而且都顺利完成了操作活动。这样的操作活动加深了学生对图形的理解与认识，有助于他们深刻体会图形的分解与组合的数学思想。

交互式电子白板技术的应用，为教师的课堂教学设计提供了空间，也提高了学生参与学习活动的积极主动性，为构建和谐互动的课堂教学模式，促进师生互动、生生互动提供了机会。

在交互式电子白板技术支持下的一堂"不规则图形面积的计算"教学实践课，帮助学生对知识体系进行再一次整合，达到了调整认知结构的目的。这样形象、具体的视听学习过程，给学生留下了深刻的印象，使学生在快乐的学习氛围中理解、体会转化的数学思想方法，掌握把不规则图形的面积计算转化成基本图形的面积来计算的思路。交互式电子白板强大的教学功能，为教师进行自如的教学设计创新提供了平台。

这是一次成功的教学实践，尤其受益的是学生，他们在知识掌握、学习方法、分析能力、发散思维、合作学习等各个方面都得到了提高，更重要的是培养了他们学习研究几何图形的兴趣与信心。

通过参与"基于互动白板的课堂协同教学模式的研究"课题，我也获得了很多的启发：一定要继续提高自己的教学能力，以课程理念为灵魂，以课堂教学设计为关键，将信息技术与课堂教学进行有效的整合，为学生创设一个和谐互动、探究发展的学习环境。将这种教学理念运用于平时的教学之中，力求在平凡的教学工作中把握新方向、开拓新理念、孕育有创新性的教学灵感，不断提升自己的教学素养。

第九章 研究工具:模板、表单与互动分析

工具一 数字化聚合课堂信息化教学设计模板

执教教师		所在学校	
学科名称		使用教材	
课题名称			
授课班级		学时分配	第×学时
学习目标	知识与技能： 方法与过程： 情感态度与价值观：		
教学重点			
教学难点			
课前资源环境·分析设计			
常规资源			
信息化资源			
教学支撑环境			
问题预设	问题1： 问题2： …… 问题n：		

续表

活动设计	活动1： 活动2： …… 活动n： （最终以结构流程图形式说明）	
反馈测评		
课堂协同教学·互动生成		
教学事件	课堂活动说明	技术支持（刺激方式）
活动1		
活动2		
……		
活动n		

［备注］

1. 使用教材：如七年级语文第一学期第六单元第26课。

2. 课题名称：填写本课时教学题名，例如：核舟记。

3. 学习目标：按照新课标要求，填写三元目标要求。

4. 常规资源：指现有或自制的传统教学资源及类型。

5. 信息化资源：是指现有、改编或自制的电子教学资源及类型。

6. 教学支撑环境：一般指由交互式电子白板、即时反馈教学系统搭建的互动教室。

7. 问题预设：根据教学目标、学习内容、学生特点等设计的系列教学引导问题。

8. 活动设计：指将系列教学问题转化为相应的序列活动，用流程图表示。

9. 反馈测评：针对每一个问题解决的活动设计的诊断测评题。

10. 课堂活动说明：对活动中师生围绕教学问题发生的课堂行为的描述。

11. 技术支持：指活动教学所采用的教学技术，如白板功能、特效等。

工具二　课堂教学观察表单

时间				班　级			人　数		
教学课题				执教教师					
评价项目	权重	评　价　指　标				评价等级			评价实得分
						A	B	C	

评价项目	权重	评　价　指　标	A	B	C	评价实得分
参与状态	15	1. 教师讲解或演示时目光能注视老师	7—6	5—4	3—1	
		2. 听讲、练习或操作时神情专注	8—6	5—4	8—6	
	20	3. 学生全员参与学习，没有开小差现象	7—5	4—3	2—1	
		4. 有50%以上的学生能在小组学习或答问时积极发表见解	6—5	4—3	2—1	
		5. 学生独立阅读、思考、作业练习、操作活动等有效学习的时间占课堂教学时间的70%	7—5	4—3	2—1	
交往状态	15	1. 学生与教师进行语言交流，彬彬有礼	8—6	5—4	3—1	
		2. 同学间能开展友好的合作	7—6	5—4	3—1	
思维状态	20	1. 学生能用自己的语言有条理地去解释、表述所学知识	7—5	4—3	2—1	
		2. 学生善于从多角度思考问题，能主动提出有价值的问题	7—5	4—3	2—1	
		3. 学生的回答具有自己的思想或创意	6—5	4—3	2—1	
情绪状态	15	1. 学生在学习中伴有点头、微笑、眉头紧锁、跃跃欲试等行为或神情，显得既紧张又轻松	8—6	5—4	3—1	
		2. 在教师的组织引导下，学生能自我调控好学习情绪，能随着教学进程或解决问题的过程而产生不同的情绪变化，如由争论转入聆听，由激动转向静思	7—6	5—4	3—1	
生成状态	15	1. 学生在学习过程中有满足、成功与喜悦等体验，对后续学习更有信心	8—6	5—4	3—1	
		2. 学生能总结当堂学习所得，或者提出深层次的问题	7—6	5—4	3—1	

工具三　基于信息技术的互动分析编码系统

分　类		编码	表　述	内　容
教师言语	间接影响	1	教师接受情感	以一种不具威胁性的方式，接纳及澄清学生的态度或情感的语气
		2	教师鼓励表扬	称赞或鼓励学生的动作或行为
		3	采纳意见	承认学生的说法，修饰或重述学生的说法，应用它去解决问题，与其他学生的说法相比较，总结学生所说的
		4	提问开放性的问题	以教师的意见或想法为基础，询问学生问题，并期待学生的回答
		5	提问封闭性的问题	
	直接影响	6	讲授	就内容或步骤提供事实或见解；表达教师自己的观念，提出教师自己的解释，或者引述某位权威者（而非学生）的看法
		7	指示	指令或命令学生做某件事情，此类行为具有期望学生服从的功能
		8	批评	陈述的语句内容为企图改变学生的行为，从不可接受的形态转变为可接受的形态；责骂学生；说明教师为何采取这种行为；极端地自我参照
学生言语		9	应答（被动反应）	（对编码4的反应）学生为了回应教师所讲的话；教师指定学生回答问题，或是引发学生说话，或是建构对话情境；学生表达自己的想法受到限制
		10	应答（主动反应）	学生的回答超出了问题的答案，表达自己的想法；引发新的话题；自由地表达自己的见解和思路，如提出具有思考性的问题，开放性的架构
		11	主动提问	主动提出问题，自由地表达自己的见解
		12	与同伴讨论	讨论、交流看法

续表

分　类	编码	表　述	内　容
沉寂	13	无助于教学的混乱	暂时停顿、短时间的安静或混乱，以致观察者无法了解师生之间的沟通
	14	思考问题	学生思考问题
	15	做练习	学生做课堂练习
技术	16	教师操纵技术	教师使用技术来呈现教学内容，说明观点
	17	学生操纵技术	学生使用技术来呈现教学内容，说明观点，做课堂实验
	18	技术作用于学生	学生观察媒体演示

来源：顾小清，王炜. 支持教师专业发展的课堂分析技术新探索［J］. 中国电化教育，2004（7）.

参考文献

布卢姆. 教育评价[M]. 邱渊, 等, 译. 上海:华东师范大学出版社, 1987:71.

陈琦, 张建伟. 信息时代的整合性学习模型:信息技术整合于教学的生态观诠释[J]. 北京大学教育评论, 2003 (3).

丁兴富. 基础教育信息化的突破口:从校校通到班班通[J]. 电化教育研究, 2004(11).

丁兴富. 进入最艰难的领域[J]. 中国远程教育, 2004(20):66.

高亮华. 人文主义视野中的技术[M]. 北京:中国社会科学出版社, 1996.

顾小清, 王炜. 支持教师专业发展的课堂分析技术新探索[J]. 中国电化教育, 2004(7).

国际21世纪教育委员会. 教育:财富蕴藏其中[M]. 联合国教科文组织中文科, 译. 北京:教育科学出版社, 1996.

国际教育技术协会《国家教育技术标准》项目组. 面向学习者的国家教育技术标准:课程与技术整合[M]. 祝智庭, 刘雍潜, 黎加厚, 主译. 北京:中央广播电视大学出版社, 2002.

国家教委社会科学研究所与艺术教育司. 自然辩证法[M]. 北京:高等教育出版社, 1991.

国务院信息化工作办公室. 中国信息化发展报告2006 [R/OL]. [2006-12-12]. http://www.gov.cn/inforeport2006.doc.

何光全, 张涛, 王益. 国外教师效能研究[J]. 继续教育研究, 2006(5).

何克抗, 李文光. 教育技术学[M]. 北京:北京师范大学出版社, 2002:187.

黑格尔. 法哲学原理[M]. 范扬, 等, 译. 上海:商务印书馆, 1961:126.

胡小勇. 问题化教学设计:信息技术促进教学变革[D]. 上海:华东师范

大学,2005.

胡小勇.信息化教学中的投入型学习研究[J].中国电化教育,2003(10).

花蓉.教师教学效能感研究综述[J].江西教育科研,2006(7).

黄顺基,黄天授,刘大椿.科学技术哲学引论:科技革命时代的自然辩证法[M].北京:中国人民大学出版社,1991:254.

江绍伦.教与育的心理学[M].南昌:江西教育出版社,1986.

拉普.技术哲学导论[M].刘武,等,译.沈阳:辽宁科学技术出版社,1986.

拉兹洛.多种文化的星球:联合国教科文组织国际专家小组的报告[M].北京:社会科学文献出版社,2001:216.

莱夫,温格.情景学习:合法的边缘性参与[M].王文静,译.上海:华东师范大学出版社,2004.

李金松.系统论、信息论、控制论与教育改革[M].武汉:湖北教育出版社,1989.

刘大椿.科学技术哲学导论[M].北京:中国人民大学出版社,2005.

刘美凤.教育技术学学科定位问题研究[M].北京:教育科学出版社,2006.

刘显国.反馈教学探索十五年[M].天津:天津人民出版社,2002.

麦吉尔,贝蒂.行动学习法[M].中国高级人事管理官员培训中心,译.北京:华夏出版社,2002:153.

孟琦.信息化教学有效性研究:教育技术之实用取向[D].上海:华东师范大学,2006.

米切姆.技术哲学概论[M].殷登祥,等,译.天津:天津科技出版社,1999.

南国农.信息技术教育与创新人才培养[J].电化教育研究,2001(8-9).

庞丽娟.教师与儿童发展[M].北京:北京师范大学出版社,2001:157.

戚业国.回归课堂 创新课堂[M]//新课程课堂教学改革丛书.北京:北京师范大学出版社,2005:总序。

全国中小学现代教育技术实验学校领导小组办公室.学校教育现代化建设[M].北京:中央广播电视大学出版社,1998:37-53.

圣吉.第五项修炼:学习型组织的艺术与实务[M].郭进隆,译.上海:上海三联书店,1998.

孙亚玲.国外课堂教学有效性研究[EB/OL].[2006-07-03].http://reading. cersp. com/Teacher/School/200605/1495_3. html.

万长松,陈凡.苏俄技术哲学研究的历史和现状[J].哲学动态,2002(11).

维纳.控制论[M].郝季仁,译.2版.北京:科学出版社,1985.

辛格,霍姆亚德,霍尔.技术史[M].王前,孙希忠,主译.上海:上海科技教育出版社,2004.

熊川武.试析反思性教学[J].教育研究,2002(2).

徐良.技术哲学[M].上海:复旦大学出版社,2004.

杨改学.教育信息化进程中的反思[J].电化教育研究,2006(3).

尹俊华.教育技术学导论[M].2版.北京:高等教育出版社,2002.

张春玲.对布卢姆掌握学习理论的再认识[J].洛阳师范学院学报,2001(1):80-82.

张德琇.教育心理研究[M].北京:教育科学出版社,1981.

郑金洲.基于新课程的课堂教学改革[M].福州:福建教育出版社,2003.

郑燕祥,姚霞.世纪初学校效能的新取向[J].教学与管理,2002(5).

钟启泉.基础教育课程改革纲要(试行)解读[M].上海:华东师范大学出版社,2001.

钟志贤,刘春燕.论国外信息化教育研究的发展走势[J].外国教育研究,2005(9).

钟志贤,王佑镁,等.关于中小学教师信息素养状况的调查研究[J].电化教育研究,2003(1).

钟志贤.面向知识时代的教学设计框架:促进学习者发展[D].上海:华东师范大学,2004.

朱慕菊.走进新课程:与课程实施者对话[M].北京:北京师范大学出版社,2002.

祝智庭,顾小清,闫寒冰.现代教育技术:走进信息化教育[M].修订版.北京:高等教育出版社,2005.

祝智庭,王佑镁,顾小清.协同学习:面向知识时代的学习技术系统框架[J].中国电化教育,2006(4):5-9.

祝智庭,钟志贤.现代教育技术:促进多元智能发展[M].上海:华东师范大学出版社,2003:54-55.

祝智庭.信息技术在课堂教学中的作用模式:理论框架与案例研究[EB/

OL]. [2006－06－17]. http：//www. shtvu. edu. cn/zhzht/xinxizuoyongmoshi. htm.

祝智庭. 教育信息化：教育技术的新高地[J]. 中国电化教育,2001(2).

祝智庭. 现代教育技术：走进信息化教育[M]. 北京：高等教育出版社,2001.

HABOOK Information Technology INC. IRS 系统在教学应用上的研究与发现[EB/OL]. [2006－11－29]. http：//www. habook. com. tw/habook＿epaper/941224/941224. htm.

AAC&U. Research on technology-based education [EB/OL]. [2006－05－27]. http：//www. aacu-edu. org.

AECT Webmaster. Association for Educational Communications and Technology in the 20th century：a brief history[EB/OL]. [2005－03－27]. http：//www. aect. org/About/History/.

Anon. 6 reasons why every teacher should have a interactive whiteboard [EB/OL]. [2006－06－29]. http：// www. Electronic whiteboards warehouse. com/smart board resources/? p＝3.

Anon. Class talk：the classroom communication system[EB/OL]. [2006－03－05]. http：//www. bedu. com/More％20Information. html.

Anon. Classroom performance system [EB/OL]. [2006－08－12]. http：//www. mhhe. com/cps/whatiscps. shtml.

Anon. Classroom performance system [EB/OL]. [2006－09－23]. http：//www. cer. jhu. edu/presentations/inclassvoting/files0806/CPSOnline％20HE％20Instructor％20Setup％20Guide. pdf.

Anon. Classtalk system [EB/OL]. [2006－04－23]. http：//www. ph. utexas. edu/~ctalk/a/instructorta_manual/history. html.

Anon. Get ready for digital convergence：a primer on life in the twenty-first century [EB/OL]. [2006－04－27]. http：//www. emcp. com/intro＿pc/reading7. htm.

Anon. Interactive whiteboard resources [EB/OL]. [2005－04－23]. http：//www. electronicwhiteboardswarehouse. com/smartboardresources/.

Anon. Interactive'clickers' changing classrooms[EB/OL]. [2006－10－12]. http：//www. msnbc. msn. com/id/7844477/.

Bagley C, Hunter B. Restructuring, constructivism, and technology：forging a new relationship[J]. Educational Technology,1992,32(7):22-27.

Baldauf K. Computer literacy: a new approach [EB/OL]. [2005-08-28]. http://www. cs. fsu. edu/~baldauf/courses/Maclay2004/presentations/CH4 - hardware. ppt.

Barker P. Designing interactive learning systems [J]. Educational and Training Technology International, 1990, 27 (2): 125-145.

Biggs J B. Student approaches to learning and studying [M]. Hawthorn: Australian Council for Educational Research,1987.

Bloom B S. All our children learning: a primer for parents,teachers,and other educators[M]. New York:McGraw-Hill,1980.

Bradley J. Meeting the challenge of 21st-century librarianship[Z]. Special Libraries Association,Upstate New York Chapter,April 19, 2002.

Brinko K T. The practice of giving feedback to improve teaching: what is effective? [J]. The Journal of Higher Education, 1993,64(5):574-593.

Carroll J B. A model of school learning[J]. Teachers College Record,1963, 64:723-733.

CRLT. A model for teaching with technology[EB/OL]. [2005-09-05]. http://www. crlt. umich. edu/inst/model. html.

Dufresne R J, Gerace W J, Leonard W T, Mestre J P, Wenk L. Classtalk: a classroom communication system for active learning[J]. Journal of Computing in Higher Education,1996 (7): 3-47.

Elliott C. The use of a personal response system: 5 case studies [EB/OL]. [2006-09-09]. http://www. economicsnetwork. ac. uk/handbook/lectures/51. htm.

EMC Paradigm. Computers in the classroom: uses, abuses, and political realities: the failure of technological panaceas in education[EB/OL]. [2006-09-12]. http://www. emcp. com/intro_pc/reading1. html.

Eskicioglu A, Kopec D. The ideal multimedia-enabled classroom: perspectives from psychology, education, and information science[J/OL]. Journal of Educational Multimedia and Hypermedia,2003,12(2):199-221. Norfolk,VA: AACE. [2004 - 11 - 27]. http://www. sci. brooklyn. cuny. edu/~eskicioglu/papers/AACE2003. pdf.

Galbreath J. Preparing the 21st century worker: the link between computer-based technology and future skill sets[J]. Educational Technology,1999,39(11 – 12): 14–22.

Guskey T R. Formative classroom assessment and Benjamin S. Bloom: theory, research, and implications: paper presented at the Annual Meeting of the American Educational Research Association, Montreal, Canada, April 2005 [C/OL]. [2005–12–13]. http://www. eric. ed. gov/ERICDocs/data/ericdocs2/content _ storage_01/0000000b/80/31/bb/33. pdf.

Hannafin M, Hannafin K, Land S, Oliver K. Grounded practice and the design of constructivist learning environments [J]. ETR&D, 1997, 45 (3): 102–105.

International Labour Organization. Safety, health and working conditions in the transfer of technology to developing countries [EB/OL]. [2005 – 12 – 23]. http://www. ilo. org/public/english/protection/safework/cops/english/download/ e880858. pdf.

Johnson R T, Jhonson D W. Differences between collaborative and cooperative learning [EB/OL]. [2005 – 05 – 09]. http://www. id. ucsb. edu/IC/Resources/ Collab–L/xxx. html.

Jonassen D, Peck K, Wilson B. Learning with technology: a constructivist perspective[M]. Prentice Hall,1999:8.

Means B, Blando J, Olson K, Middleton T. Using technology to support education reform [EB/OL]. [2005 – 08 – 09]. http://www. eric. ed. gov/ ERICWebPortal/recordDetail? accno = ED364220.

Morrison H C. The practice of teaching in the secondary school [M]. Chicago: University of Chicago Press,1926.

Morrogh E. Information architecture: an emerging 21st century profession [M]. Prentice Hall, 2003.

Mueller M. Digital convergence and its consequences[J/OL]. The Public, 1993,6(3):11 – 28. [2005 – 03 – 22]. http://javnost-thepublic. org/article/pdf/ 1999/3/2/.

Muirhead B, Juwah C. Interactivity in computer-mediated college and university education: a recent review of the literature[J]. Educational Technology & Society, 2004,7 (1): 12–20.

Reason P, McArdle K L. Brief notes on the theory and practice of action research[EB/OL]. [2006-11-29]. http://people. bath. ac. uk/mnspwr/Papers/BriefNotesAR. htm.

Scales S D. Planning for convergence: who's doing it, who's not, and why? [EB/OL]. [2005-06-13]. http://dcc. syr. edu/miscarticles/rp2. pdfdneg.

Seattler P. The evolution of American educational technology[M]. 2 Rev ed. Information Age Publishing, Inc. , 2004.

Stenhouse L. An introduction to curriculum research and development[M]. London:Heinemann, 1975.

Tabak I. Synergy: a complement to emerging patterns of distributed scaffolding[J]. The Journal of learning sciences, 2004,13(3):305-335.

Thomas B, Saye J. Implementation and evaluation of a student-centered learning unit: a case study[J/OL]. ETR&D,2000, 48(3):79. [2004-12-22]. http://www. springerlink. com/content/74727047515n547k/fulltext. pdf.

Thyfault M E. Resurgence of convergence [EB/OL]. [2005-11-09]. http://www. informationweek. com/677/77iuvoi. htm.

Ward D L. The classroom performance system: the overwhelming research results supporting this teacher tool and methodology [EB/OL]. [2006-07-29]. http://www. einstruction. com/News/index. cfm? fuseaction=News. display&Menu=newsroom &content=FormalPaper&id=209.

Wilson B. Metaphors for instruction: why we talk about learning environments [J]. EducationalTechnology, 1995,35(5):25-30.

出 版 人　　所广一
责任编辑　　何　艺
版式设计　　贾艳凤
责任校对　　贾静芳
责任印制　　曲凤玲

图书在版编目（CIP）数据

数字化聚合与新课程教学：理论·操作·范例/孙卫
国著．—北京：教育科学出版社，2013.5
　（新视点教与学系列丛书）
　ISBN 978－7－5041－7508－3

　Ⅰ.①数…　Ⅱ.①孙…　Ⅲ.①基础教育—课堂教
学—教学研究　Ⅳ.①G632.421

中国版本图书馆 CIP 数据核字（2013）第 083072 号

新视点教与学系列丛书
数字化聚合与新课程教学：理论·操作·范例
SHUZIHUA JUHE YU XIN KECHENG JIAOXUE：LILUN·CAOZUO·FANLI

出版发行	教育科学出版社			
社　　址	北京·朝阳区安慧北里安园甲 9 号	市场部电话	010-64989009	
邮　　编	100101	编辑部电话	010-64981167	
传　　真	010-64891796	网　　址	http://www.esph.com.cn	
经　　销	各地新华书店			
制　　作	北京大有图文信息有限公司			
印　　刷	保定市中画美凯印刷有限公司			
开　　本	169 毫米×239 毫米　16 开	版　　次	2013 年 5 月第 1 版	
印　　张	12.25	印　　次	2013 年 5 月第 1 次印刷	
字　　数	198 千	定　　价	30.00 元	

如有印装质量问题，请到所购图书销售部门联系调换。